大是文化

アイディアの神が降りてくる「3」の思考法

三的思考捷徑

從午餐吃什麼到如何讓別人聽我的，
「想出一個好辦法」反而害你腦子一片空白。
日本教育學大師教你，

先掰三個，答案就出來

明治大學文學院教授、日本知名作家
齋藤孝—著
劉錦秀—譯

CONTENTS

第2章／三的思考：我用了三十年的武器

CONTENTS

CONTENTS

推薦序

老祖宗的智慧，用「三」歸納世間事

醫師、康騰特公司顧問／楊斯棓

「第一門風，第二祖公，第三秀才郎。」（第一講求家世，第二看對方祖先，第三最好是讀書人）用三歸納世間事，本是老祖宗的智慧。

作者齋藤孝是一位多產作家，談思考規畫、孤獨貧窮、傾聽讚美，皆自成一家言。這回倡言：「用三思考，無往不利」，或許有人以為他隨意胡謅、書空咄咄，小題大作，我講幾個有關「三」的故事：

聽過「三種尺寸的行銷遊戲」嗎？

如果你架上放A、B兩種維他命，A一瓶八百元，B一瓶一千二，請問大家會買哪一瓶？

大多數人，會選擇A。

根據《怎樣賣龍蝦》一書所說，人們之所以選擇A，除了省錢，也因為他們不確定自己的選擇究竟正不正確。

可是當你架上放上A、B、C三種維他命，而C的價格是一千六百元時，請問大家會選哪一瓶？

神奇的事情發生了，這時候，大家端倪C之後，選擇了B。

為什麼說三是一個magic tool？因為當選擇從三變成四時，過多的選擇反而讓客戶猶豫不決，當客戶對四個選擇感到困惑，他們很可能什麼都不買。

喬治．曼德勒（George Mandler，美國心理學家）曾指出，人們會利用分類的方式記憶資訊，若一個類別中只有一到三個項目，人們就能夠從記憶中提取出完整的資訊。若每個類別中包含的項目超過三個，那麼人類能夠正確回憶的數量將跟著減少。

對於齋藤孝先生把三當成一個magic tool，我完全贊成。

我想許多醫師一定也深諳此道，醫師對於許多疾病的triad（直接翻譯叫三個一組，通常就是某個疾病的三大特色）一定記得滾瓜爛熟，唯有如此，才能順利通過國考。

譬如，急性膽囊炎有個Charcot's triad，包括了：白血球增加、右上腹痛以及發燒。

又例如德國病理學家魯道夫・菲爾紹（Rudolf Virchow），曾用Virchow's triad來歸納血栓形成和擴大的原因：血管內皮傷害（vascular endothelial injury）、血流的改變（alterations in blood flow）以及高凝血性（hypercoagulability）。

骨科醫師都知道，如果手肘外側受到外力撞擊，可能造成「terrible triad」，也就是：手肘脫臼（elbow dislocation）、喙突骨折（coronoid process fracture）以及橈骨頭骨折（radial head fracture）。

回過頭談這本書。

這本書對我最受用的建議就是寫書評。作者本身有非常豐富的寫書評經驗。

他說訣竅就是：「從書中寫出三個你覺得最好的段落，就可以寫書評了。」作者也補充：最好是把書分成前、中、後三部分，各挑出一段你覺得最好的段落寫評論。

個方法或許還不錯，先描繪一個畫面，然後敘述一下畫面當下給你的震撼，勾勒起什麼回憶，然後再多寫兩個畫面。

如果我寫《悲情城市》，我會寫以下這三個畫面：飾演林文雄的陳松勇中槍（象徵各種本土勢力被剷除）、飾演啞巴林文清的梁朝偉脫口「我是臺灣人」，以及李天祿看到警察欲以漢奸名義逮補其子時說：「有人密報就叫做漢奸喔？」

前言
三，是最強的思考工具

對我而言，三，這個數字是一個萬能的數字。

會這麼說，並不是因為我最喜歡的棒球選手長嶋茂雄（讀賣巨人隊的終身名譽教練）的球衣背號是三，而是我從很久以前，就非常關心這個數字。

例如三級跳遠，如果以二段的方式來跳，既跳不遠，動作也不俐落。如果以四段的方式來跳，又容易衝過頭、不易煞車。三的話，節奏剛剛好，可以大膽跳、痛快飛。所以三給我的感覺，就是一個能夠讓事物順利發展，並能有所作為的數字。

古今中外名人的智慧當中，也有許多用三來整合的例子。

孔子認為「智仁勇」這三個字是君子之道；古希臘視「真善美」這三個字為人類的理想境界；在日本，尤其是武道界、運動界，格外重視「心技體」這三個字；還有開示學習技藝之道的名言，是用「守破離❶」三個字；相撲除了優勝之外，還設了殊勳賞、敢鬥賞、技能賞三個獎項。另外，用三個字來表達感謝的詞語也非常多。

此外，大家也喜歡選擇前三名。舉例來說，三大西洋電影、御三家❷、三人娘❸等等。初夢❹的「一富士、二鷹、三茄子❺」也是一種前三名，奧運以金銀銅取前三名。或許不是只有我，而是所有的人都有這種傾向。人類從往昔就非常喜歡三。

會用「三」這個工具，思考易如反掌

如何？這個數字是不是有一種能夠喚起人的特別力量？我自從有了這種想法之後，就格外關注三的機能，並持續研究這個數字直到今日。

如同三級跳遠象徵的，三除了擁有能夠讓事物順利發展的飛躍力之外，還有分類、整合、穩定的力量，甚至在大腦思考時，幫助我們將能力發揮到極限。因此，我的結論就是：三是最強的思考工具。

如同書中介紹的內容，將事物歸納為三點，就可以看清事物的本質；只要提出三個想法，就會衍生出各種不同的想法，進而提出成熟的方案；只要將課題分成三個階段，就可以擴展思考的範圍……只要意識到三，思考會更豐富，整理會更方便，可以讓歸納與開拓同時進行的萬能工具就是三。

為了讓大家知道如何用三，學習思考的模式與技術，我寫了這本書。長年研究三的我，將在本書中介紹各種使用三的思考法。

①守破離是學習模式的三個階段。守是依循原有的規則；破是突破既有規範，加入自己的經驗與思維；離就是自成一體，建立屬於自己風格的東西。
②日文的一個統稱用語，用於統稱一個領域中最著名的三者。
③一九五五年，美空雲雀、江利智惠美、雪村泉合稱三人娘。現在只要三位女孩湊在一起表演，就會被稱為三人娘。
④新年做的第一個夢，根據初夢的內容可以預測今年的運勢。
⑤日本新年的諺語，如果在初夢中夢到這三樣東西，就會被認為是吉利的象徵。夢見日本第一高峰富士山，代表吉運中的第一名；夢見老鷹表示聰明強壯；如果夢見茄子，因為茄子和希望達成的日文發音「なす（nasu）」同音，所以也被認為是好運和吉利。

「發生什麼了？」這時一定要懂得思考，而思考必須有能量，所以視思考為麻煩、痛苦的人一定不少。但是，只要使用三，非但不會再痛苦，反而會覺得這是一件快樂的事，這就是本書最強的功能。

現今這個時代，知識和資訊已經不太管用了。以前擁有資訊的人或許很厲害。但是，現在所有資訊都存在於網路中，只要懂得上網，任何人都可以接近這些資訊。所以**現今這個時代，最有價值的是思考力——就是如何使用資訊、從資訊中產生有價值的東西**。

因此，絕對的強者，就是**擁有思考的模式和技術**的人。

創意指導佐藤可士和，為形形色色的企業建立品牌。他為什麼可以為這些分布在不同業界、不同顧客層的企業提供這項服務？

我和佐藤先生都曾經因提不出想法而感到不知所措，但佐藤先生說：「現在，我已經走到絕對可以提出想法的境界了！」

因為，他已經擁有**思考的模式**，並能夠**轉化成技術**。

先讓思考有固定的模式，再把這個模式當作一種技術使用，就可以提出自己的想法。如果能夠再進一步，把衍生出來的不同想法組合在一起，又可以產生各式各樣的創意。

運用「三」，學習思考的模式

在本書中，我會介紹各式各樣的三的思考法，每一個都不難，而且都可以馬上實踐。

猶豫或迷惑時，就使用「三」思考吧！

第1章

當腦袋一片空白，選「三」想法就具體起來

1 選三個，沉睡的腦袋立刻動起來

本節重點

- 在日常生活中，凡事都養成「選三個」的習慣。
- 企畫案一定要準備三個。
- 寫讀書心得時，先篩選出三篇重要的段落。

思考力近來成為比學歷更受重視的能力，但很多人都嫌麻煩而懶得動腦。即使被叮囑「好好思考一下」，卻不知道該如何去做，或腦袋完全沒有想法的人應該也不少。

不過，這不表示這些人沒有思考力。

其實，他們只是腦袋尚未就位，還未完全進入準備狀態。**思考需要能量，腦袋如果未先做暖身運動進入活躍的狀態，就不可能思考。**懶得思考的人，就是因為腦內細胞尚未活化，還處在不夠活潑、運動不足的情況。因此，必須讓頭腦做熱身運動。只要進行頭腦的肌力訓練，腦細胞就會活化，而逐漸產生思考力。

所以，第一章我們要進行頭腦的肌力鍛鍊，為思考先做熱身運動。

選三個，讓頭腦先熱機

想讓頭腦經由熱機，發揮該有的機能，建議大家進行「**選三個**」的作業。例如，在一個主題之下，選三個最好的，或選三個最不好的。

最喜歡的三部電影、世界盃足球賽中印象最深的三場比賽、世界三大料理、世界三大小惡魔女演員……。大家可以試著在各式各樣的主題之下，進行選三個的作業。

假設主題是「世界三大料理」，你會選什麼？

法國料理絕對入選；中國歷史悠久、幅員廣闊，中華料理一定榜上有名。馬上就去掉兩個名額了，還有一個名額是什麼呢？腦袋開始糾結了。接著，腦子裡就會浮現所知有限的世界料理，並開始思考。

「大概是義大利料理吧！不，義大利料理和法國料理旗鼓相當。該選哪一個呢？」「土耳其料理的歷史好像也很悠久，但是土耳其料理是主流料理嗎？」「如果土耳其料理可以上榜，日本料理當然也有資格。」就用這種感覺把全世界知道的料理都列出來。

換言之，**只要開始進行選擇，頭腦就會自動思考**。

別人要你思考，你偏偏就是不想動腦。但是，別人請你選擇，你自然而然就會開始思考。

而且，三這個數字真的非常奇妙。

請說出最喜歡的電影、請舉出世界料理的代表作……聽到這種籠統的問題，大部分的人都只是反射性的脫口說出一個答案，並不會動腦思考。

但是，請列舉X個——一出現受限的數字，腦袋的引擎就會發動。不過，如果要列舉的，是十部最喜歡的電影，不是非常喜歡看電影的人，恐怕就說不出十部電影的片名。或是列舉世界盃足球賽中五場最經典的比賽，有人可能答到一半就打退堂鼓。但如果有人要你選出「前三名」，大家似乎就會想試著歸納。

三真的是一個不會讓人猶豫的好數字。**最重要的是，三不會讓人只提出反射性的回答。**

選三個時，我們會先把存在記憶裡最好的、次好的項目列出來，然後再邊檢討邊選擇，姑且不論我們是不是可以馬上就提出前三名，卻一定能夠看到整體的狀況。簡單來說，就是我們的腦子，會一邊俯瞰整體，一邊從中鎖定備選項目，直到最後剩下三個選項。

在日常生活中養成「選三個」的習慣

從今天開始，試著養成選三個的習慣吧！

下次休假最想去的三個地方、今天晚餐最想吃的三樣東西、歷史上最偉大的三個人物、三位最優秀的浮世繪大師……給自己出個題目選出各種前三名，非常有趣。

假設題目是「今天晚餐最想吃的三樣東西」，腦海中就會出現：最近常吃炸的東西，所以想避開炸物，吃清淡一點的生魚片、蕎麥麵，或者是雞肉火鍋……之類的。這時第三個答案很難想出來也沒有關係。總之，先擠出三個選項。

結果，腦袋經過適當暖身之後機能變好，就會適合思考了。進行選三的過程中，頭腦會在無意識間自行思考，而讓思考迴路的機能越來越好。

事實上，大多數懶得思考的人，都是因為少了選擇和提出選項。被問今天晚餐吃什麼？回答「隨便。」被問想去哪裡玩？回答「隨便！」這句話似乎成了很多人的口頭禪。

「隨便」這個回答代表的意思是：「因為懶得思考，所以完全配合對方的意見。」會這麼回答的人，通常都是被動的。

從對方的立場來看，這種回答沒有競爭、對立的氛圍，所以對人際關係而言沒有殺傷力。但是，當別人徵詢意見時，總是回答隨便或都可以的人，腦袋經常處在低溫、低能量的狀態，導致所負責的工作微小到不需要使用腦力。

這是非常糟糕的狀況，因為頭腦不用是會生鏽的。

經常透過選擇鍛鍊頭腦肌力，就是培養思考的基礎訓練。當有人徵詢你的意見時，**不要隨口就說「隨便」**，要養成運用選三提出方案的習慣。

在腦子裡進行選三作業，就可以將思考的迴路啟動。

從未這麼做過的人，一開始要提出三個選項或許會很辛苦。但是習慣之後，自然就能夠建構會選擇的頭腦迴路，讓人對於提出選項得心應手。這就是頭腦機能變活潑的證據。另外，總是回答「隨便」的人，如果能夠因此提出各種建議，也會為自己的人際關係帶來好的影響。

關鍵：你的第三個選項是什麼？

世界上有太多的前三強、前三大。

耐人尋味的是，並不是先有三個傑出之物，才有前三大。很多時候，反而是一開始就先有前三大這個稱呼，即是先有題目，再思考前三大是什麼。

最具代表的例子，就是前言提到的初夢──「一富士、二鷹、三茄子」。

大家並不是一開始就認為這三個是最好的，而是先有「初夢前三吉兆是什麼」這個題目，最後才留下這三個具有影響力的答案，這也就是為什麼茄子會雀屏中選的原因。

富士山是大家心目中的神山，所以是吉運中的第一名不足為奇。老鷹也不難懂，因為老鷹既聰明又強壯，大家只要想像一下，老鷹在天空展翅飛翔的模樣就明白了。第三個選項，是因為有人想製造一點驚喜、想來個雙關語，所以「茄子」登場了。總之，初夢的前三吉兆，就是在各種思考空間中脫穎而出。

附帶一提，關於剛才提到的世界三大料理，一般來說，第三個選項似乎都不是那麼肯定。法國料理、中國料理是很多人心目中的必選，但是對於第三個選項，意見就產生分岐了。

我個人認為應該可以將和食納入其中。或許有人會認為和食和中國料理太相似了。但是，我認為不論是油的用法或是食材的處理方式、調味方式，兩者皆有鮮明的對比。在味道偏濃烈的法國料理、中國料理當中，加入講究清淡的和食，正好可以發揮平衡的作用。各位認為我這個想法如何呢？

從選三看個性

從選三就可以看出一個人的個性，尤其是獨創性。即使無意表現個人的獨創性，但選項自然會透露一個人的品味，這也是三的力量。

假設，只選一位尊敬的日本歷史人物，一定會集中在某一些特定的答案。例如坂本龍馬、織田信長等人。這樣會讓人覺得很無趣。但是，如果是選三位就很有看頭了。答案中會出現形形色色的三人的組合，相同的機率幾乎是微乎其微，而且選擇的人的個性會在選項中表露無遺。

很多人都選擇織田信長。但是喜歡織田信長的人，未必就是同一類型的人。有人因為信長擅長搞破壞所以欣賞他，這類的人或許也會喜歡高杉晉作❶；因為

① 一八三九～一八六七年，日本的武士、長州藩士。反應快、動作快、我行我素、嗜酒、風流成性。是尊王倒幕的志士。
② 一七二八～一七八〇年，日本江戶時代的博物學者、蘭學者、作家、畫家。

信長喜歡嘗鮮而欣賞的人，或許就會把平賀源內❷列入選項當中。從選三人，就可以知道這個人的個性傾向。

某雜誌曾透過問卷調查，請讀者列舉三位小惡魔女演員。一陣迷惘之後，我寫了三個名字：若尾文子❸、吉高由里子❹和外國女星妮可・基嫚（Nicole Kidman）。

「妮可・基嫚並不是小惡魔系的演員。我應該寫娜塔莎・金斯基（Nastassja Kinski）❺的……。」交卷之後我後悔了。但是，這份問卷最後還是不了了之，因為答案太過分散而無法統計。三位之中有可能一位相同，兩位相同極為罕見，三位都相同的機率是零。而且從回答者所選出來的女演員，就可以看出回答者的個性和喜好。

後來，我和專欄作家泉麻人因電視臺的工作而湊在一塊時，他告訴我：「我也填了那份問卷。我寫了若尾文子、吉高由里子。」我好興奮，三個選擇中有兩個相同，這表示我們兩個人的興趣和想法都很相近。選三個的方式果真能流露一個人的品味。

尤其是第三個選擇。第三個選擇流露出來的個性特別強烈。一般來說，第一個、第二個選擇，大概會是基本款、基本答案，令人感動或驚豔的程度有限。但是，第三個選擇大家似乎就會想來點不一樣的，有人是勉強再擠出一個，有人則是提出和主題無關，純粹只是個人喜好的選擇。總之，第三個答案的選擇，尤其能夠表達一個人的興趣和想法。

用選三，讓你的評論言之有物

如同上述，**養成選前三名的習慣，自然就能俯瞰整體並一一檢討，進而看到表現自我個性的效果**。而且只要懂得應用這個方式，也可以輕輕鬆鬆做評論、寫書評。

③一九三三年～，一九五三年因演出《十代的性典》而大受歡迎。迄今為止，已參與一百六十多部電影的演出。

④一九八八年～，曾榮獲第二十八屆橫濱電影節新人獎、第五十一屆藍絲帶新人賞、第三十二屆日本奧斯卡新人賞。代表作品有《蛇信與舌環》、《花子與安妮》等。

⑤一九六一年～，從影以來拍過六十多部電影。以《黛絲姑娘》一片榮獲金球獎最佳女新人演員。

我自己寫評論時，就會充分運用這種選三方式。

事實上，在這之前我已經寫過很多的書評，也常建議別人要多看各種書，但有一天我突然發現，只要從書中選出三個段落就可以寫書評了。

以選出來的三個段落為書評的骨幹，就能夠傳達一本書的魅力。如果再進一步針對段落說明，就可以介紹整本書。

看書時，把你認為「哇，這篇文章寫的真好！」、「這段文章就是作者想說的話！」的部分，也就是你認為重要的地方畫線做標示。**整本書看完之後，再從畫線的部分選出你認為最好的前三名。可能的話，把書分成前半、中間、後半三個部分，然後從中各選出一個。**

選出三個重點之後，再說明自己為什麼會選這些文章。在說明的過程中，書評自然而然就出現了。

因為，在說明為什麼會覺得這篇文章重要時，就必須針對書的內容、故事、登場人物等做說明，自然而然就會把這本書的三個魅力表現出來。

另外，透過三個段落的組合，也可以呈現評書者的獨創性。

只要用這種方式來寫，任何人都可以寫書評。當然，這種做法也可以應用在，總是讓孩子們傷透腦筋的讀書心得上。

以前，我教小學生使用這種方法，大家突然都愛上了寫讀書心得，之前絞盡腦汁還是寫不滿一張稿紙的孩子，輕輕鬆鬆就可以寫出三張稿子。

孩子們寫讀書心得，寫的大都是對這本書的直覺。例如：「因為主角誰誰誰很努力，所以我覺得很有趣。」這是名副其實的讀後雜感。因為孩子根本沒有探索書的內容，也沒有用大腦去思考。

這像別人要你思考，你偏偏無法思考，別人突然要你說出感想，你偏偏就是沒有任何感想。但是，只要選出書中最喜歡的三個地方，頭腦自然就會啟動，讓人扎扎實實的把想法說出來。

在部落格上寫各種評論時，也可以應用選三的方式。如果寫的是影評，只要選出三個印象最深的畫面，或是印象最深的臺詞，就可以寫出一篇影評。

就用選三的方式寫書評、寫影評！這是鍛鍊思考力、培養書寫能力的最佳訓練。請大家務必要試試看！

舉出三個選項，人人都聽你的

選三個的習慣，不只是生活方面，也可以運用在工作上。

例如，進行提案或給予建議時，先提示三個選項；或是日常生活當中，決定約會時要看什麼電影、暑假親子旅遊要去什麼地方時，也先準備好三個選項。

當然，只說出你認為最好的一個也可以。但是**提示三個方案，會讓人覺得有認真思考，比較具有說服力**。如果真的想不出三個，最後只勉強擠出一個也沒關係。不過，提示三個選項是有意義的。

從對方的角度來看，只要**眼前有三個選項，對方就會在無意識之間，想從這三個當中選一個**。

因此，最好提示**三個完全不同類型**的選項。例如，就用「和食差強人意，中國菜口味太重，今天就吃越南料理吧！」這種感覺提出建議，對方也比較好選擇。而且因為這種建議沒有正確答案，所以對方也可以說「不吃中國菜，吃燒烤如何？」輕輕鬆鬆提出具體的代替方案。

總而言之，重點還是在三個選項。如果選項是四個，會多了一點，選項一模糊就不易做選擇。

餐廳菜單中的套餐也大都是三種。如果只有兩種，太單調；如果有四、五種，會迷惘不知如何做選擇。三種剛剛好，客人很容易就可以從當中選一個。

準備三個方案，化身業務王

談生意時，準備三個方案是鐵則。

例如，店員可以用「這是初春最受歡迎的大衣；這件的款式很類似，也非常受歡迎；另外，這一件雖然款式有點不一樣，但是我覺得很適合您」這種口吻，給客人三個建議。

或者，以價格做區分，用「如果您要求高品質的話，可以選這一個；這個機能不錯、價錢也在合理範圍；這個商品則是中間價位。」這種感覺，介紹想推薦的商品。

提出三個方案供客人做選擇，客人本身就會產生自主性。店員提出三個選擇時，很多客人都會先刪掉其中的兩個，再留下自認為還不錯的那一個。在刪去的過程中難免會掙扎，這種掙扎會讓客人對自己的選擇格外依戀，於是就忍不住打開荷包了。客人購買的意願，是在選擇當中逐漸產生的。

「這完全是我個人的喜好，我不清楚您的喜好，但這項商品真的不錯！」客人聽到這種建議，就算不買也覺得很有趣，這種做法絕對超越一般的銷售話術，會讓客人覺得店員有人性，進而願意碰觸商品或覺得店員很親切。

總之，不妨在**第三選項中加入一些色彩，放入一點自由的創意或主觀的建議，這麼做就可以突顯個性**。

公司的營業方針不會漏掉基本款和本季的新商品，但把另外一個選項交由各業務、店員自行決定或許是不錯的做法。這麼做，可以讓營業形態產生一些新的變化。而且，業務或店員的個性，會完全顯現在他們的第三個選項上。

有本事的銷售人員、手腕高明的業務人員，介紹完基本商品、主打商品，最後一定會巧妙混入自己的主觀看法。

總之，準備三個方案就對了！

在工作上，我也採取「三案法」。

出版社常會問我，關於書的企畫有沒有什麼想法。這時，我會先思考對方想出版什麼樣的書，然後從事先已經想好，希望能夠出版的主題當中，準備三個企畫案。在篩選的過程中，如果覺得這個主題編輯不會感興趣，不管我個人有多麼喜歡，我都會直接刪掉，因為企畫案要通過的可能性非常低。

我用這種方式提出三個企畫案，至少都有一個能夠讓編輯產生興趣。因為通過審核的比率非常高，所以出版社為我出版了許多書。

決定書名時，我也會準備三個方案。不光是出書，只要公司開會，必須提出意見或建議時，都可以嘗試這個方法。

只要提出三個方案，大家的腦筋就會動起來，一直籠統的喊著「新商品、新商品」，腦袋是不會啟動的。但是，只要說新商品必須具備的三個要素，各種想法（例如之前的商品沒有的設計、必須有的機能等等）就會一個接著一個湧現。

因此，大家一定要努力擠出三個方案。

「原來他已經想得這麼仔細了！」「其中有一個應該是可用的！」提出三個方案，會給人深思熟慮的印象，進而對這三個方案有所期待。

另外，提出三個方案，還可從討論當中，讓大家有想像到底什麼比較好的空間。決定方向時，如果先有三個選項，大家就可以根據三個選項思考、商量，並做歸納整理，而不會浪費時間在原案中打轉。

如果提出一個或二個方案，通常都是以不好也不壞做結束。如果太多個，又會讓人覺得只不過是各種想法排排站，很難被重視。三個方案讓人覺得，這些都是經過深思熟慮才鎖定的目標。而且，大部分的想法都可以分成三種形態，其他的則是從這三種形態衍生出來的變化。

因此，如果除了A、B、C案之外，還有D、E案的話，不妨設法把D、E案納入A、B、C案的其中一個系統。或者在會議當中，如果大多數的人對A比較感興趣，也可以適時提出新點子，表示「事實上，A案也可以進化成這個版本」。

2 讓思路清晰的分三類法

本節重點

- 將資訊大致分成三類。
- 用紅、藍、綠三色原子筆，收集和分類可以同時進行。
- 個性的精采度全在「綠」項目中。

思考時，還有一項必須做的工作就是「分類」。整理資料、各種想法和方案，或確立作業步驟，都必須分類。

分類時，三也可發揮極大的力量。

整理各種事物時，不論是書本、資料，還是堆滿雜物的房間，都必須分類。

首先，大致分成需要和不需要兩類，如果要整理書本和資料，可以依據主題、重要度等項目做細分；如果是物品的話，就必須根據衣類、文具類、玩具類、食品類等項目做整理。

然而，思考分類項目的本身就是一件麻煩的差事，這時，就可以讓「三」登場。先大致分成三類，例如，試著先大致分成重要、次要、代替方案，或絕對必要、不要、猶豫中。不需要一開始就設定詳細的分類項目。

如果只分成三類，輕輕鬆鬆就可以完成。因為**分類項目並不類似**，所以歸類時不會讓人猶豫該放在哪一類。

大致分成三類之後，再視需要各自設定詳細的分類項目就可以了。不過，分類項目也不能設定的太細，太細就無法管理了。先大致分成三類，然後再視需要，各自設三個左右的分類，全部最多不要超過九個。

使用三色原子筆，收集和分類同時兼顧

多年來，不論是收集資訊、學習還是看書，我都建議使用三色原子筆。

看書或閱讀各種文章、文件時，**「非常重要的地方」用紅筆畫線，「次重要的地方」用藍筆畫線，「個人覺得有趣的部分」用綠筆畫線。**

簡單來說，邊分成三類，邊挑出重要的部分，這個方法在整理資訊、了解資訊時，可以發揮極大的威力。

研讀資料時，很多人都會在重要的部分畫線或用螢光筆做記號。用三色原子筆的話，還可趁機將資料分成三類。或許有人認為這沒什麼大不了，但其實做不做分類有很大的差別。因為在用三色原子筆畫線的那一瞬間，除了區分重不重要之外，還會進行價值判斷，思考畫線的地方到底有多重要。

回頭看資料時，在重要部分全都畫上同一顏色的線，與用三種顏色的線將資料分類，有很大的區別。

只要把分成三類的重點輸入電腦，就是已具備雛型的評論備忘錄、分析備忘錄。因此，看書或看文件時，請養成用三色原子筆畫線的習慣。這個習慣會讓你加快對事物了解的速度，並一口氣提高工作的效率。

很多人看文章真的就只是看，在極度被動的狀態下，腦子不會發揮該有的機能，但只要手上有三色原子筆，狀況就會截然不同。手上拿著三色原子筆，自然而然就會挑出重要的文章、次重要的文章、有趣的文章，並分別畫上紅色、藍色、綠色的線。這個動作會啟動腦內的探照燈，讓人積極閱讀，使腦內機能開始活躍。

請帶著這種三色分類的自覺接觸資料，一旦這種自覺變成了習慣，大家用腦的方式就會和以前大不相同。

在接收資訊時，用三種顏色將內容進行分類，就可以培養更迅速的分析力和判斷力，比以前提早收工的快樂景象就離你不遠了。

你是誰？綠筆告訴你

用三色原子筆分類，就是把資料、資訊分成重要、次要、個人覺得有趣三大類。第三項「個人覺得有趣」，是產生想法非常重要的關鍵。

基本上，紅色和藍色是客觀的價值判斷，用來標示重點及搞清楚作者想說什麼。相對於紅色和藍色，綠色的「個人覺得有趣」，就是**主觀的價值判斷**。或許有些時候，畫線的人也搞不清楚自己為什麼會在這個部分畫綠線，但是，透過畫綠線就可以主動閱讀、吸收資訊。

因為綠色只要依照自己的愛好，在喜歡的地方畫線就可以了。最重要的是，用三色原子筆畫線，就是一件很快樂的事情。

畫綠色的地方，會充分反映你的個人興趣及嗜好。所以請把畫綠線的部分輸入電腦仔細閱讀。你可以看到自己對事物的看法，並徹底了解自己對書本和資料的態度、立場（十分共鳴、不認同，還是根本不在乎等等）。

只要想想自己為什麼會覺得那個地方有趣，就會明白自己對所看的書或資料的掌握方式和論點。

把紅色和藍色的部分歸納整理，可以**掌握文章的重點和結論**；深入思考綠色的部分就可以**做評論**。

最近，個人的觀點、想法備受重視。如果覺得自己沒想法，請刻意努力使用綠色的原子筆。「作者究竟想說什麼？」這是國語課上常見的問題，或許只有擅長解答這種問題的人，才不會畫綠色的線。建議大家敞開心胸，好好耕耘自己那顆充滿趣味的心。

不是我往自己臉上貼金，我真的以作為一名消費綠色原子筆的人為傲，我常因為有趣或喜歡，就去看書、看雜誌或查資料，並用綠筆畫線。只要自己覺得在意、覺得有趣的事物一增加，自然而然就會有自己的想法、自己的創意、觀點。

因此，請用力使用綠色的原子筆。

履歷表這樣寫，老闆當場錄取你

擁有極大功能的三色原子筆，除了資訊的分析或分類，也可以應用在寫文章上。關於書的內容，可以用紅筆寫精髓、用藍筆補充資料、用綠筆把自己的故事和觀點寫出來。

只要用**藍筆掌握現代人最重視的資訊，並用綠筆思考自己的個性和想法，紅筆寫的精髓部分就會言之有物**。把要寫的內容，分類成紅、藍、綠三個項目並列出清單，就可以完成整體的架構，輕鬆寫出文章。如果是正式的報告，就先確實掌握紅、藍兩個項目，再用綠筆加入自己的意見。如果是隨筆、小品文，就以用綠筆書寫的個人故事或想法為主，佐以一些事實或資料增加說服力。書寫文章時，可以視內容決定紅藍綠的分配。

另外，要求職或換工作的人，也請善用三色原子筆展現自己。一般的履歷表，都有一欄專長技能欄，面談時也會被問到個人特長是什麼。這時該如何作答，實在令人煩惱。

大家都希望自己的賣點，能夠給對方留下正面、積極的好印象。但所列舉的優點，往往都過於普通、缺乏震撼力。例如，很多人都會說「我的個性很真誠」，但光說真誠，不但沒有說服力，還會讓人覺得虛偽。

那麼，到底該怎麼做呢？首先，先用三色原子筆把草稿重點寫出來。紅色是最主要的賣點，藍色是補充的賣點，綠色是能夠突顯自己個性和人品的賣點。

接著，再加入能夠形容各個賣點的小故事。

只用語彙形容個人的特長或自我推薦，總是少了一分真實感。但是，如果能夠**透過真實案例來說明**，就可以產生說服力，並讓對方留下深刻印象。只要附加一個小故事，即使是通常讓人有陳腐印象的「真誠」，也會有完全不同的風貌。

例如，可以從「我一直都在育幼院當志工。剛開始我不知道怎麼和身心障礙的孩子們溝通，但是我並沒有因此放棄。我採納其他志工給我的建議，繼續堅持下去，做了整整三年。現在，我和每個孩子都變成朋友了。」這個小故事，讓人聯想到「即使碰到困難也不會氣餒，以真摯的態度繼續努力」這個賣點。

或是透過「因為我一直都參加體育社團，所以就參考了讀賣巨人棒球隊的『三十分鐘前集合規定』，提醒自己一定要提早抵達約定的地方。因此，我絕不遲到。」這個簡單的小故事，強調自己是一個「既守時又真誠的人」。

如果有「我喜歡旅行，曾在世界十幾個國家當過背包客。即使是在語言不通的地方，我也可以和當地的人交流，免費吃到一餐香噴噴的飯。」這個故事為前導，就可以繼續說「因此，我對自己的溝通能力非常有自信」。

如果能更進一步談一些吃飯時的趣事，就更有說服力，會讓對方留下強烈的印象，認為你是一個到任何國家都可以工作的人（真誠、準時、善溝通）。

只要為紅、藍、綠三色，各準備一個可以連結的小故事，你就可以針對自己的事情侃侃而談。因此，不論是求職或換工作，就從收集三個小故事開始吧！

3 用三評分，做決定不出錯

本節重點

- 首先，先粗略用三個等級評分。
- 評分過細的結果未必正確。
- 焦點在「優良可」的「良」。

大家已經透過選擇、分類，進行頭腦的肌力訓練了。接下來，我們要進入應用篇「評分」，我們一起鍛鍊頭腦吧！

為學生打成績、為比賽定出前十名或前二十名、為求職者打分數……。這些需要評估人、事、物優劣的評分、評價工作，常會讓人傷透腦筋。

如果不是教師、人事負責人、審查員，或許沒什麼機會評分。但是，在工作、私生活當中，還是有機會對商品、租屋物件、寶石飾品、因個人興趣收集的寶物進行評分，選擇結婚對象時也需要評分。

或許有人很果斷，可以不用深思就能選出自己喜歡的東西。但如果是租房子，還是應該多看一些物件，仔細評分之後再做決定。

評分從分成三個等級開始

評分、分級時，可以靈活應用三的法則。首先，先試著大致**分成三個等級**。如果是比賽，有時必須仔細排列出前十名甚至前五十名；如果是甄試新人的考試，可能就是從很多人當中選數名。當然，也有可能只選一位。

雖然有各種選擇方法，但在第一階段，建議分成三個等級。

例如，以「上、中、下」來區分級別，或像「喜歡、普通、討厭」一樣，主觀進行評分。

提到三階式的評分，大家最熟悉的，應該就是大學最常使用的「優良可」，有的大學則用ABC取代優良可。優良可的意思是優秀、尚可、勉強過關。大多數日本的大學，都是照著這種傳統的方式為學生打成績。

當然，有些學校除了優良可之外，還有一個「不可」，即是不合格的意思。因此，正確的說法應是四階式評分。

但是，因為「不可」是針對未達一定標準而無法評分、不能給予學分的學生所採取的措施，所以和我們一般所說的評分略有不同。因此，與其說不合格，不如說未達進階門檻更正確。

校方承認學分就是決定要給學生進階門票，在這個階段就很適合用三階的方式進行評分。

尤其像是報告、實際操作等，不用分數驗收結果時，就可以有效應用三階式的「優良可」來評分。

用三階式的優良可，可以很簡單的將報告分級。看完報告之後，直接將報告區分成「大致上還可以，但還有努力的空間」、「有用心寫」、「寫得非常精采」三類，對一個專業教師而言是輕而易舉的事情。只要稍微斟酌一下，就可以馬上判斷，並給予適當的評價。

不過，有些大學還是會要求老師用分數來打成績，我就有過這種辛苦的經驗。但是，六十五分和六十七分到底有什麼差別？

為報告進行評分必須分分計較，這麼做一點意義都沒有。優良可的三階式評分法看起來有點草率，但我認為這個方法可以給予適當的評價。

先用三階式評分，再找出最優秀的

基本上，大學都是用優良可為學生打成績，但是，有時優上面還會有一個「秀」的等級。如果優當中，還有更拔尖、更出色的表現時，就列入「秀」，就是「超優」。

如果用ABC來評價，超優就是S，即是A上面還有個S。

有人或許會覺得分四階很難評分。

解決方法很簡單，就是不要一開始就分四階。首先用優良可（ABC）進行三階式評分，然後再仔細咀嚼優，如果有出現讓你忍不住大叫「這傢伙太特別」的人物時，**再升一階到「秀」（S）**。所以基本上還是用三階分類。

雖然最後的結果是四階，但先分成「上中下」三階，還是會比較好評分。

不需要再為排名所苦

縱使必須一一列出第一名至第二十名、第三十名，建議一開始還是用三階的方式，先粗略進行評分。

花式溜冰大賽或是音樂競賽，會設許多項目一一進行評分。像是動作難度、動作種類、速度等等，把每一項目的評價都數值化。為了嚴正、客觀審核選手動作的難度、動作的力與美，或許真的需要詳細設立許多項目進行評分。

但是，各項分數加總起來的結果卻未必是正確的。

我曾經擔任過相片徵文大賽的評審。相片和文章都各有好幾個評分項目，每個項目都有各自的百分比。但如此仔細評分的結果，卻是眾評審看到總分在前幾名的作品時，都一臉疑問「為什麼是這個作品？」——印象如此淡薄、震撼力如此渺小的作品，為什麼可以得到第一名、第二名？

如果審查的項目區分太過細微，沒有什麼大瑕疵的作品就可以站穩腳跟，最後獲得好的分數躋身前幾名。這類作品雖然不突出，卻可以靠著很高的平均分數得到第一名、第二名，但就因為不突出，所以冷靜仔細看時，馬上就知道這個作品不配得大獎。這時，眾評審決定重新再看一次第一名至第十名的作品，並用整體的大致印象進行審查。

換言之，分細項逐一評分，結果未必就是正確、恰當的。雖然審查過程很嚴謹，但很多時候大多數的評審，對於最後的結果還是有疑問。因為把**評分要素分得太細微，反而讓人看不清楚作品整體的魅力和實力**。

因此，不管評的是什麼，最好都先憑一定程度的主觀、大致印象，進行三階式的評分，然後再研討較細的項目。這麼做才能快快評分，並做出正確的選擇。

最簡單的評分基準就是「優良可」，或「好、普通、差」這兩種模式。

選對象，請把焦點放在「良」的評價

我想人的一生當中，一定都會碰到許多必須下判斷、評分的局面，其中最大的一種選擇就是結婚。

在這裡，為了讓大家能夠更明白用三評分，我就以結婚為例子說明。但是，除了結婚之外，在工作上不論是應付客人或者為公司求才，也可以應用三評分的方法。因為結婚是必須慎重三思的大事，所以我才會以結婚為例讓大家思考，請大家放輕鬆繼續看下去。

和結婚對象邂逅的方式有千百種，能夠和初戀的對象結婚當然最理想，最好第一次談戀愛就能夠遇到真命天子、真命天女，然後爽快決定要共度一生，中間沒有絲毫的猶疑或迷惑。雖然這不符合我一直強調的三的法則，但是，能夠珍惜並把握第一次的邂逅，還是最理想的。

不過，大多數的人都沒這麼幸運，就算交往了好幾個異性朋友，還是沒能結成婚，這些人視狀況就得有計畫的展開婚活❶。

這時，三階式的「優良可」評分方式就很管用。但是，不要找「優」的人。轟轟烈烈戀愛的結果，當然就是要和自己最愛的人，也就是「優良可」的「優」級人物結婚。大多數的人都是以此為理想的目標，抱著這種價值觀展開婚

① 結婚活動，日本的流行詞。就是積極參與相親、聯誼，或其他以尋找結婚對象為目的的交友活動。

活。但說實話，許多人賣力參加婚活依舊美事難成的原因，就在這一點。

說得直白一點就是，如果把異性分成「優良可」三個等級，應該要把**關注的重點放在「良」**。

「良」這種評價，意味著樸實、踏實，如果以三色原子筆來說就是藍色，這是一種很重要的評價。「良」雖然少了點戲劇感，但是在婚活的市場，這一區會突然被仔細觀察。因為，對絕大多數人而言，會成為自己未來結婚對象的人，就是落在「良」這一區。

畢竟屬於「良」等級的人最多。對某些人而言，符合「優」等級的對象，通常就是那麼一、二位。但是，在優之後的良區和可區是非常遼闊的。

那麼，屬於良區的人到底是什麼樣的人呢？如果要進一步分析的話，這區的人雖然沒有相當喜歡也算不上耀眼，但他是你可以以平常心吃飯、輕鬆喝咖啡的好朋友。

良之下是「可」，要選擇可區的人或許有點困難，但是可區的標準非常寬廣。在網路異常發達的現代，屬於可區的群組就非常多。例如，「雖然會互通電子郵件，但是……」、「雖然很多人聚會時聊得很愉快，但是……」這一類的朋友。比起比較熟的朋友，屬於這一階層的朋友就非常多元。

展開婚活時，應該要關注的「良」區，就是完全沒有想過會是自己戀愛對象的中間層。這個中間層，就是提供結婚候選人最好的泉源。

在大學時代或許不會和這一區的人交往，但是到了適婚年齡價值就突然提升。展開婚活時，鑑別「良」區的能力非常重要。有眼力就可以找到適合自己的人，即是「良之上的人」。用ABC來評分的話，就是可以找到「B+」的人。

迅速下結論——就算是結婚，決定也不能慢吞吞

婚活最重要的關鍵就是快快死心，不行就馬上尋找下一個機會。在剛開始交往的初步階段，就要判斷是否有結婚的可能性，如果沒有就馬上尋找下一個對象。這麼說好像很不浪漫，但婚活就是這麼一回事。

不少正值戀愛年紀的大學生，會昏了頭對有很多競爭對手的異性單相思，而且這一相思就是半年。「一味單相思也不是辦法，不如就告白吧！」或許有人會這麼建議，但是，恕我直言，其實不曾詢問過對方意思的單相思，本身就是浪費

時間。

從某個角度來看，婚活就是和時間的戰爭。找到條件好的對象就盡快結婚，希望大家都能夠不需要花太多的時間就找到終身伴侶，並走入婚姻的殿堂。

另外，抱著「非那個人不嫁、不娶」的想法進行婚活也非常危險。一旦希望落空，殺傷力就很驚人，這一療傷又是大半年，非常浪費時間。

如果真的想結婚，第一候選人沒希望，就進攻第二候選人；第二候選人也不行就奔向第三候選人。如果開口說「請和我交往」，對方回答「NO」，基本上就是NO了。

有時，為了要試探男性是不是認真的，有些女性一開始會刻意拒絕，是不是在試探，男性自己要懂得拿捏。有句成語叫「三顧茅廬」，意思是只要登門求三次以示誠意，對方就會接受自己，這也是三。

戀愛一段時間之後，最好儘早詢問對方是否有意結婚。戀愛對象的態度曖昧不明，交往很長一段時間，最後還是以分手收場，如果發生在二、三十歲的青年男女身上還可接受。

但是，人的青春有限，我認為想結婚的人，還是應該坦率問對方。如果對方無意結婚，就告訴他：「人的時間有限，我們應該帶著這種覺悟活下去。」哲學家馬丁．海德格（Martin Heidegger）也說存在是有時間性的。不要執著，瀟灑分手，在有意結婚的異性當中，尋找你的「良之上」、「B+」。如果以結婚為目的，就不要和沒有可能、沒有未來的事情扯上關係。

請珍惜緣分，能夠認識良之上的人就是一種緣分。只要認真找，你的真命天子或天女就會出現。這個人如果出現在求學階段，或許你絕對不會和他交往，但是現在的你就是看他很順眼。這就是人生，這種經驗就是人生有趣的地方。

下一章我將全力介紹，我個人所實踐的三的思考法。

第2章

三的思考：我用了三十年的武器

1 混沌沒頭緒？用「三本柱思考」破解

本節重點

- 要了解一個主題，先提出三個問題。
- 用「A、B、C」做簡報就會有說服力。
- 以三個英文單字為一區塊，就一定記得住。

讓我覺得「三」很棒的其中一個契機，就是我發現只要有**三個立足點**，就一定能站立。

小時候做理科實驗，我看到用酒精燈讓燒杯加熱時所使用的三腳架，覺得非常有趣，因為只要三隻腳就可以立起來；相機也是用三腳架架起來，兩隻腳的架子就是架不起來；雖然大多數的椅子都是四隻腳，但是對椅子來說，能以最少隻腳發揮最大機能的卻是三隻腳。

換言之，要做精準決定時，最佳數字就是三。

因此，我就想到，如同有三隻腳就可以立起來一樣，如果思考時能夠有三個立足點，應該就可以在立足點上面架構堅固的思考。例如，針對某個主題進行思考時，先樹立能夠作為根基的三根柱子，再以這三根柱子為根據，**拓寬思考的範圍或加深思考的深度**。

哲人在夙昔，就是用「三根柱子」思考

事實上，先人們似乎也是先想出三根柱子，再深入思考。

例如：心技體、知情意❶、孔子的「智仁勇」等許多語詞，全都是用三個概念來詮釋核心重點。

①知指的是認知、觀念；情指的是情緒、情感；意指的是意志。

心技體是鑽研運動、技藝必須具備的三個要素。心、體、技各代表一根柱子，想要鑽研運動、技藝，只要提升這三根柱子的水平就行了。如果不見成長，只要找出心技體哪個地方比較弱，就可以透過補強取得平衡。所以，只要以這三根柱子為核心不斷鍛鍊就可以了。

當然，如果行有餘力的話，也可以思考第四根柱子、第五根柱子。但是，這些柱子其實絕大部分都可以納入三根柱子之中。例如，腦子好可以納入心，戰略性的東西可以納入技。總而言之，只要先樹立三根柱子，就可以歸納其中。

只要樹立三根柱子，如何精進技藝、如何致勝等籠統的主題，就會出現鮮明的輪廓。因此面對問題時，請先思考重要的「**三本柱❷**」。

換言之，只要找出能夠成為重要概念的三個立足點、**三根柱子，大腦自然就會啟動思考的機能**。

如果怎麼想就是想不出三本柱也沒關係。因為在迷惘中思考，就是非常有意義的事情。透過思考「三本柱是什麼」，就可以加深思考的深度了。

我是在閱讀哲學家九鬼周造的名作《「ＩＫＩ」的構造》時有了這些想法。「ＩＫＩ」的漢字是「粹」。我想九鬼周造大概是想到，日本民族其實有自己獨特的審美觀念，所以才寫了這本《「ＩＫＩ」的構造》吧！九鬼周造因為曾經在歐洲長期生活過，反而會特別在意日本，所以，才會這麼想掌握粹的現象和構造。

九鬼為「粹」下的定義是：「去掉汙垢（乾淨、不俗氣）、有張力的色氣」。九鬼用三個要素、三本柱，定義了粹很難詮釋的現象。

「去掉汙垢」就是死心，這是一種可以和「諦念❸」產生連結的美；「有張力」就是有骨氣；「色氣」是媚態，這就是粹的三要素。

九鬼認為這三個要素不齊全，就無法構成粹。

只有去掉汙垢、只有死心，會變得像出家的和尚。色氣也很重要，但如果只有媚態，就像只會依偎在他人身邊撒嬌的人，也稱不上是粹。因為少了某種張力、骨氣。

換言之，如果人生夠達觀、夠死心，並加上骨氣與媚態，就是粹。

---

② 出自日本職棒的名詞，意思是說隊中很難得、很幸運擁有三位優秀的先發投手。

③ 是指拋開常人的心智，對人生有超脫的覺悟跟看法。

十幾歲的年輕女孩，就稱不上是粹。這種年紀的女孩年輕、花俏，有色氣，但是在她們身上卻找不到由諦念所產生的無垢。人一定要有足夠的人生經驗，明白了酸甜苦辣的道理之後，才能夠帶著一身骨氣表現出媚態，這才是粹。

九鬼認為，**能夠符合粹意涵的，只有花街柳巷中的女子**。因為她們都有痛苦的過去，她們被金錢買賣，嘗盡了人生的辛酸。她們突破這些逆境所流露出來的媚態、色氣，就是一種獨特的美學。

或許九鬼一開始所想的，就是如何闡釋煙花女子的色氣、有豐富人生經驗女性的色氣。

九鬼用現象學的角度剖析粹，出現了各式各樣的解釋。但是，這個也是粹，那個也是粹，羅列了一堆解釋之後，九鬼還是看不到粹的本質。

因此，他就開始思考什麼是構成粹的必備要素，絕對不能移除「色氣」。但是，粹不能只有色氣。那麼，還有其他什麼是粹必須具備的呢？在思考當中，「去掉汙垢」、「張力」這兩個要素就浮上了檯面。九鬼因此看到了粹的定義。這是我個人的想像和推敲。**思考難以捉摸的現象時，先從「構成該現象的三根柱子是什麼」開始思考**，推動思考的力量就會應運而生。

只要找出三根柱子，接下來只要加深柱子周圍的思考深度就可以了。

立足點之間要有適當的距離

不過，樹立三根柱子是有竅門的。

柱子的立足點之間一定要保持適當的距離，三根柱子不能都長一樣。每一根柱子都必須有自己獨特的地方，類似的柱子排排站，無法擴展思考的範疇。

針對「三個對人來說重要的個性」這個問題，如果回答「誠實、正直、體貼」，是不是會給人模糊的印象？這三個的確都很重要，但全都太類似了。

如果用三個立足點的方式列舉，就可以舉出三個不同的個性。

有一個詞彙和心技體非常類似，叫做「心氣力」。但是，這個詞彙卻不如心技體那麼有名。我想這或許是因為心和氣之間的不同有點曖昧，無法讓人留下深刻印象的緣故。心和氣的確不一樣，但是類型卻太相近。心技體之間的不同就非常顯而易見。

三隻腳的立足點之間要有適當的距離才能立得穩。立足點之間距離如果太近就會搖搖晃晃，而且會讓格局縮小。

同樣的，思考的三本柱的立足點，也應該是獨特、有所區別的。

孔子論人才：「智仁勇」

孔子的弟子問孔子：「對人而言，最重要的德行是什麼？」孔子就列舉了三個。這三個就是「智仁勇」，孔子還進一步以弟子們為例說明。

智的代表人物是子貢。因為子貢非常聰明，善於雄辯。

仁是孔子最重視的人性特質。仁者一定要具備大器的人格，並以真心關懷他人。代表仁的弟子是顏回。論語上形容顏回是「聞一而知十」，可見顏回也非常聰明。不過，最重要的是顏回還擁有傑出的人格，孔子給顏回的評價非常高。

勇的意思是勇猛果敢、有勇氣。勇不是顏回和子貢的強項，勇的代表人物是子路。

中島敦的小說《弟子》，寫的就是孔子和弟子們之間的關係，核心人物就是子路。

子路一開始其實是抗拒孔子的，但是後來卻非常尊敬孔子。因為子路強調勇氣，但孔子卻每每給予勸導。孔子告訴子路：「你口口聲聲都是勇氣，但凡事胡來、什麼都搶第一是不好的。」歷史上，子路因為太過剛強而不得善終。

就像這樣，智仁勇三達德，都各自有鮮明的特徵。

孔子認為一個人如果能夠兼備智仁勇最理想。但是，孔子自覺有不足的地方，所以盡力培養弟子成為自己理想中的人。

如果現在要拿來應用的話，我希望大家能夠把擁有這三種人格特質的人，攬進團隊或組織裡。孔子就是因為擁有這三位典型的智仁勇代表弟子，所以才會這麼厲害。

因為工作要組織團隊，或在大學裡要分組做報告時，首先，一定要找腦筋好的人。還有人品好、受人尊敬的人也不可少。另外，還需要精力旺盛、耐操的人。為了在進行營銷工作時，大家都能全心投入一起努力，因此，組織團隊時，如果能夠先樹立必要人才的三根柱子，就可以清楚知道團隊或小組，需要什麼樣的人才。

如果能夠先了解自己是智仁勇中哪一類型的人，個人特質就會非常明確，能夠知道自己獨特的風格。例如：個性軟弱但腦筋不錯、精神抖擻非常耐操，是屬於智仁勇中的哪一型，就可以讓這種風格變成自己的強項，或是刻意補強自己不足的地方讓自己成長，擴展自己的可能性。

現代「仁」居多，具備「勇」的人才難求

我所任教的明治大學，有為社會提供「勇」的人才的傳統，因此，不怕流血流汗型的學生非常多。這類型的學生無論身在何處，都可以無所畏懼並全心投入。不只是男學生，連女學生也都是如此。

現在求職時，擁有勇的資質的人，就能夠發揮這項強項。

孔子生在春秋戰國時代，所以孔子有時也會被敵人包圍而動彈不得。在這種隨時都會有生命危險的時代，勇成了必備的資質。就因為這個時代大量提供勇的人才，所以孔子才會格外關注「仁」。

但是，現在我們的生活周遭沒有戰爭，所以大家認為最需要的是「智」。結果，勇的人才就越來越少了。

然而，因為現在和孔子那個時代不同，**反而讓「勇」的價值越來越高**，正是物以稀為貴。

現在的年輕人大多穩重善良，是屬於「仁」類型的人，這類型的人腦筋好，卻少了動力。但是，明治大學屬於**動力型的學生卻很多。這是一種稀有價值**，所以求職面談時深受好評，很快就可以找到理想的工作。

絕不會意志消沉、無論在什麼地方都不會打退堂鼓，碰到有這種人格特質的人，企業主當然會優先錄取。如果你是一個具知性又穩重的人，但意志力薄弱，我就有點擔心了，希望你能夠有挑戰的勇氣。「這個工作要去巴西喔！」「是，我馬上去拿護照！」這樣的人才是企業真正要的人。

一根主柱加上兩根輔柱，就是你的勝利方程式

三足思考基本上，是把柱子立在彼此距離都相同的立足點上。但事實上，一般都不會是三邊等長的正三角形。

因為三足思考的三根柱子，一根是主柱，兩根是補強的輔柱。所以透過三個

立足點所呈現的圖形，會比較近似是兩邊等長的等腰三角形。

簡報的宣傳重點的三本柱就大多是這種模式。例如，如果談的是觀光都市的魅力，就以「絕對的大自然魅力」為主柱，再以「友善的當地居民」和「舒適的住宿設施」為加強的輔柱。

我和柔道選手野村忠宏❹會談時，談到了二〇〇四年的雅典奧運，他就提到比賽時用了三本柱策略。這個小故事，我在拙作《奧運的身體》一書有詳細的介紹。野村選手以必殺技過肩摔為主軸，再另外加上兩個技術。結果，在雅典奧運中，野村選手以絕對的優勢贏得了金牌。這證明這個方法是正確的。

如果只靠過肩摔，對方為了不被摔，一定會用自己的體重應對。所以除了過肩摔之外，野村選手還準備了另外兩個技術。這是兩個可以將重壓上來的對手，翻轉過來的技術。野村選手就憑著這三個技術讓對手無處可逃。

除了這三個技術之外，我想野村選手應該還準備了其他許多拿手的招式。不過準備太多，會猶豫不知該用哪一個。反過來說，就是將拿手的技術縮至最小的範圍，反而容易判斷並做決定。最強的做法就是，一個主力技術再加上兩個補強的技術。

除了柔道之外，這種做法也適用其他的運動項目或將棋、圍棋等競技。只靠一個決勝技無法獲勝。但是，只要有三個決勝技就可以擬定戰術。**這三個決勝技不需要每一個都是最強的**，用一個主力技術、兩個輔助技術組成三個拿手技術，就是一個勝利的方程式。

在工作上也可以應用「**一個決勝技＋兩個輔助技**」。

即使只有一個強項也沒關係，任何人都有自己的賣點。不論是精神抖擻或是耐操、有毅力都不錯。如果你的決勝技是不認生，很容易和陌生人打成一片，就設法再加上兩個輔助技術。例如，有不明白、不清楚的地方會「確認」，懂得立刻致謝、道歉的「迅速跟進」，能夠再擁有這兩個輔助技術的話，你就是最強的人了。

④日本柔道選手，曾於一九九六、二〇〇〇、二〇〇四年，連續獲得三屆奧運羽量級柔道金牌。

三根柱子一確定，腦袋就會轉動

三根柱子的立足點之間有適當距離

（《論語》中提到「對人而言最重要的德行」）

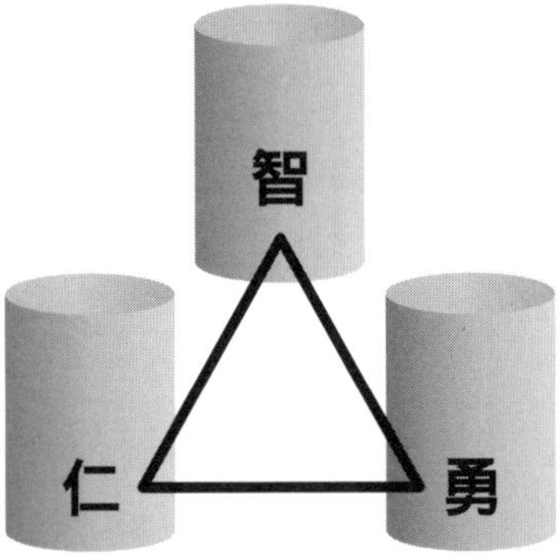

簡報＝一根主力柱＋兩根輔助柱

（如果主題是觀光地的魅力）

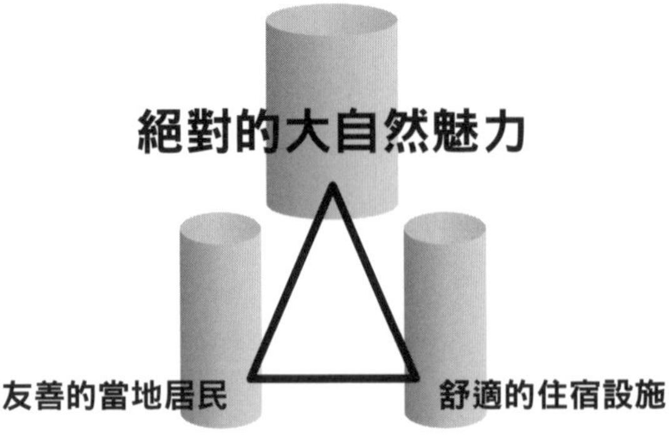

用「和C」做簡報，抓住聽眾的心

三本柱思考法，對做簡報、做報告格外管用。

簡報或報告，基本上都是由「想說的事情、主張（開場白）」、「可以證明主張的理由或事例（內容主體）」、「再次強調（結論）」這三個部分所構成。

可以證明主張的理由或事例，幾乎都是舉三個，也就是三本柱。三本柱的說服力越強，就越能抓住聽眾的心。

如同前面所述，三本柱的立足點之間要有適當的距離，但還是得先有三根柱子。必須先有一根強大、具有絕對說服力的主力柱子，和兩根具有加強功能的輔助柱子。

事實上，我聽過的簡報，很多人的第三個理由都是在強辯。因此，有時不妨視情況添加一些修飾。總而言之，提出三個要點非常重要。

只有兩個不夠充分，連續五個、六個記不住，連內容也會一併變得模糊。如果是三個理由或三個事例，就可以很有節奏的進入人的腦子裡，三的魔力就是這麼神奇。

為了讓三的節奏發揮最大的效用，做簡報時與其平鋪直述說「理由一是什麼，二是什麼，三是什麼」，不如說「理由有三。一是這個，二是那個……。然後，最後一個是這個」。**在進入第三個理由之前稍微停頓一下，先提高聽眾的好奇心**，之後再繼續往下說效果比較好。這種做法可以讓內容順利進入聽眾的腦子裡，留下深刻的印象。

我稱這種方式為**「A、B和C」方式**，簡稱「和C」方式。

最後的C就算是勉強加上去，或者只是用來增色裝飾的也沒關係。也可以在最後的C中加入最強的柱子，把氣氛帶起來。另外，用一些比較詼諧、幽默的內容，來博君一笑做最後的歸納整理也不錯。

東京申奧團隊的簡報如何感動人心

二〇一三年，為了爭取二〇二〇年的奧運能夠在東京舉行，東京所作的簡報就徹底應用了三本柱模式，完美的將「A、B和C」方式融入其中。

之後，雖然因為新國立競技場、旗幟等問題，給人留下稍微寒酸的印象。但是至少爭取奧運的簡報，表現的可圈可點。

奧運籌備會理事長竹田恆和、副理事長兼專務理事水野正人、佐藤真海、瀧川克莉絲汀（瀧川雅美）、當時的東京都知事猪瀨直樹等人，全都是以「東京的好就在這三點」為主體內容做簡報。

理事長竹田恆和的簡報，一開始就開宗明義點出，在東京舉行奧運的三個意義：「延續奧運的精神」、「確實性」、「全球願景」，然後延伸到「Delivery」（營運）、「Celebration」（慶典）、「Innovation」（創新），即**用三本柱再搭配三本柱的形式**，強調東京的優勢。

而水野正人的簡報，提到在東京舉辦奧運的魅力時，雖然只強調一點，就是「提供在大都市中心舉行大賽的模式」。但說到具體的計畫實例時，就介紹了三個實例：「位置佳的選手村」、「能夠成為新地標的奧運體育館」和「緊湊的會場活動」。

佐藤真海也用三點強調運動所擁有的力量：「培育新夢想和笑臉的力量」、「帶來希望的力量」、「聯繫群眾的力量」。總而言之，不管哪一場簡報，只要是舉例，全都徹底使用三個例子。

爭取在東京舉辦奧運的簡報，讓我再次注意以三本柱為基礎的重要性。

當時和東京一起爭取主辦權的馬德里和伊斯坦堡，沒能建立獨立的三本柱。馬德里沒有打經濟安定牌，但經濟對於奧運的營運卻非常重要；伊斯坦堡擁有悠久的歷史，更是東西文化的橋梁，這一點的確是伊斯坦堡最大的魅力。然而，伊斯坦堡能夠強調的優勢也只有這一點。最重要的是，伊斯坦堡無法排除大家對土耳其政治不安定的憂慮。

在幾個申辦的都市當中，東京雖然不能讓人耳目一新，但是東京以雄厚的資金、良好的治安、成熟的大都市為三本柱，每一場簡報又都用三本柱強調東京的魅力，我個人認為，這就是東京之所以可以勝出的原因。

指導日本做簡報的英國人尼克．巴利（Nick Varley），就是使用「三」的忠心信徒。尼克．巴利可說是讓倫敦、里約、東京成功爭取到舉辦奧運權的「申辦奧運承包商」，他在NHK的《簡報白熱教室》節目中，一再強調：使用「三」無往不利。

設計三個問題，你上臺他們不打瞌睡

我在大學的主要工作，是教學生成為老師後如何授課。「一個小時的課，用三個問題來組合。」我只這樣告訴學生，學生們就能快速成長。

授課大致可以分成導入、內容和總結三個部分。導入三分鐘，總結三分鐘，中段的內容部分特別長。所以老師必須在這部分格外下工夫。

關於中段的內容部分，我建議學生鎖定三個重點。例如，教世界史的產業革命時準備三個重點，教英文的不定詞時也準備三個重點，這樣就可以把一堂課的架構建立起來。

授課時，不是直接提示這三個重點，而是稍微拐個彎，提出可以到達這三個重點的三個問題。簡單來說就是發問，問學生為什麼是這樣。

首先，在導入的部分提示三個問題，告訴學生希望大家思考的三個問題。如果那堂課上的是產業革命，就問學生：「為什麼會發生產業革命？」、「為什麼會嚴重到要稱為革命？」、「產業革命對亞洲、對日本有什麼影響？」接著請學生針對這三個問題進行思考。等學生腦力激盪之後，再引導學生走向答案。最後，如果學生都能夠回答得出來，產業革命為什麼會發生及其影響當然最好。

用這種形式設計課程指導學生，學生一下子就能夠把上課的內容組裝起來。基本上只要好好掌握分三部分的格式，就很容易找到授課的著力點。

而且，上過這種課的學生，對於這種授課方式都一致給予好評。有了三個問題，學生也會因為需要動腦而產生興趣，把課程大致分成三個場景，學生就不容易厭倦。

針對第一個問題思考過後，感到恍然大悟而有點厭倦時，緊接著第二個問題上場，然後，第三個問題報到。這種一氣呵成的方式，既讓學生沒空偷懶，也可讓學生有成就感。

用三部曲系列思考企畫

我也常用「**三部曲系列**」思考出版企畫，這是一種進階版的三本柱。姑且不論是否能夠成為系列作品，我想的是如果要創作三部曲的系列，我該提出什麼樣的企畫。

因為這樣就可以讓三本柱更鮮明、更確定。

就如同我之前的說明，三有神奇的魔法。思考時，與其只想一個，不如一次想三個，讓想法有廣度，所以我們一定要好好善用三。推敲企畫時，我就會思考如果推出三部曲系列會如何？於是，各種點子就源源不斷湧上來。

事實上，我有幾部作品就是因為這個想法，而成為三部曲系列。

最具代表性的，就是為小學生而寫，教導小學生如何生活的「當頭棒喝系列」。一開始，我只決定要以「當頭棒喝」為書名出書，為孩子們寫一本可以傳遞某些訊息的書。

有了書名後，我就開始思考內容。為小學生而寫，首先想到課業跟同儕關係，為同儕關係煩惱的小學生真的很多。另外，我也想送些訊息給遭到霸凌的孩子。而且，我還希望小學生有自己的生活美學。大多數的小學生談到願望時，不是希望當運動選手就是開麵包店，其實這個世界還有很多更帥的生活方式。

於是，我依這些內容，為書樹立了大方向的三本柱。

之後，我和編輯開會，提到書的重點是否可以從「課業」、「同儕」、「生活方式」三大方向發展。經過討論，我們一致認為這些內容無法只用一本書消化，所以決定嘗試出版系列作品，一次同時出版三本書。

第一本的書名是《讀書其實很簡單》，談的是課業。

第二本的書名是《活的酷、活的帥》。在這本書裡我告訴大家，人人都可以成為男主角、女主角，只要改變「是嗎？」、「但是……」之類的口頭禪，就可以變得很堅強。

第三本的書名是《這種朋友不如不要》。我透過這本書告訴小小讀者，朋友是什麼、沒有哪種朋友根本不必擔心等，各種和同儕有關的訊息。

我認為這三本書的內容正好可以維持適度的平衡，小小讀者應該會對其中的一本感興趣。有的孩子對課業沒興趣，可是還是想當英雄，或是有的孩子正為同儕關係愁眉不展。

結果，這系列的風評不但超出我們的預期，後來我又出版了多本三部曲的系列書，總計是十二本。

之後，我在寫企畫時，都會認真思考能夠出版三部曲系列作品的三本柱。

三部曲思考法，激發精湛的點子

要出版有關考試方面的書時我也想用三本柱。但是，卻只能想到準備階段和衝刺階段的應對方式。

就在我苦思怎麼辦時，腦子裡突然浮現「一定有孩子會考不上，我是不是應該也談一談考試後的心理準備」的想法。

沒錯，仔細思考後，更覺得有關考試後的內容是必要的。

因為就算名落孫山也非徒勞無益，繼續挑戰本身是有意義的。為考試而讀書絕對不會毫無所獲，我決定把這個訊息傳達給考前的孩子們。另外，我還提醒大家，考上之後如果玩到失心瘋，就會失去考試的意義。而且，我還和大家分享自己考大學受挫的經驗。

因為要出系列作品，而絞盡腦汁想出來的「考試後」一書，感覺上好像從一開始就朝這個方向思考似的，許多一開始想不出來的點子，透過思考三本柱就一個一個冒出來了。

就我而言，主要是在做出版的企畫。但除了書籍之外，三本柱也可應用在商品企畫、活動企畫或其他各種企畫。縱使無法出版系列作品，用心努力思考之後，還是可以提出有強大三本柱支撐的好企畫，至少可以提升交出好企畫的機率。只要順著這個方向再稍微向下探討或挖掘，就可以讓這次的努力，和下次的工作產生連結。

三個一起記，背單字也可以很輕鬆

我曾用三編寫「**矩陣英語單字練習法**」。

這是我試了各種教學生記英語單字的方法之後，所創造出來的練習法。矩陣的英文是「Matrix」，指的不是電影《駭客任務》（*The Matrix*），而是縱橫並列的格子。

先把英文單字寫入矩陣中，再把單字的意思寫在背面。這時，以三個單字為一區塊進行學習，就可以順利記住這些單字。首先，每三個一組，大聲把英文念出來，同時思考單字的意思。接著，邊看英文邊說出單字的意思。最後，看著背面的解釋說出英文。只要這樣練習，英文就會很奇妙的進入腦子裡。

而且，用這種方法記單字真的就忘不了，記憶的儲存率非常高。

或許是因為把單字寫入格子裡時，也同時記住了單字在右邊、中間、左邊的位置。另外，大聲念出來也有用身體來記憶的效果。

最重要的，當然就是以三為單位進行記憶。只要用三的節奏大聲念，單字就會很奇妙的進入人的腦子裡。

如果是兩個，會覺得少了些什麼，好像沒有完結，很難再繼續下去。如果是四個，大聲念時又會覺得弛緩、節奏感不佳。

試來試去還是三的節奏最美妙。

除了英語之外，我還以學法語、德語的學生為對象進行測試，效果也一樣。很多學生試了之後都表示，三個一組真的非常好念。

如果要學習的單字屬於同一類別，例如，都和金融有關、都和環境問題有關，或者都和食物有關效果會更好。當然，即使不使用這種技巧，只單純三個三個一組記憶，也可以充分達到學習的效果。

因此，正在學習外語的朋友，我建議一定要試試「矩陣單字練習法」。記住

矩陣英語單字練習法

正面

office ➡	business ➡	company
factory ➡	goods ➡	produce
store ➡	service ➡	customer
product ➡	consumer ➡	deliver
cost ➡	increase ➡	decrease

背面

辦公室 ➡	生意 ➡	公司
工廠 ➡	商品 ➡	生產
商店 ➡	服務 ➡	顧客
製品 ➡	消費者 ➡	配送
費用 ➡	增加 ➡	減少

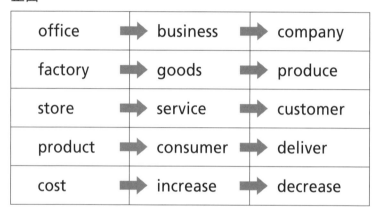

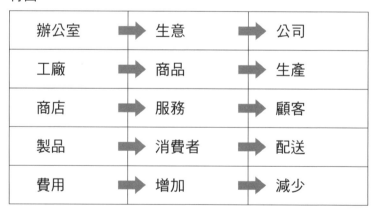

一定要掌握兩個重點。一、以三個單字為一單位學習，二、一定要念出聲。

除了學習外語之外，要死記專業名詞等等時也可以用這種方法。死記、死背透過奇妙的節奏來學習，就不會那麼痛苦了。

三個要素的比例可以產生各種可能性

最能顯現三的氣勢的，就是「**光的三原色**」。

光、光譜都是連續的。因此，看光譜的波長區塊，就可以知道光的顏色有幾種。光譜上可以有七種顏色，也可以有十二種、二十四種。例如，只要把三原色組合在一起，就可以產生微妙的深藍色。

這個關鍵就是，光的無限顏色都可以透過紅、藍、綠的組合，及組合時的比例呈現。

上課時，老師會利用投影機讓學生看影片。這時，螢幕上有紅、藍、綠的光，所以大家認為只有三種顏色嗎？其實不然，因為螢幕上有各種不同的色彩。

換言之，這三個顏色就可以創造所有的顏色。反過來說，如果這三個顏色少了其中一個，有些顏色就無法顯現了。

讓眾人認清這個事實的，是「藍色發光二極體」（Light-emitting diode，簡稱LED）。之前的發光二極體有紅色和綠色。因為沒有藍色，所以能夠呈現的顏色有限。正當全世界的專家、研究人員，都在摸索是否可以找到藍色發光二極體時，中村修二等人完成了這項壯舉。

二〇一四年，高亮度藍色發光二極體的發明，帶來了節能明亮的白色光源，日本工程學家中村修二、天野浩和赤崎勇因此共同獲得諾貝爾物理學獎。這項發明問世之後，全世界掀起了一股藍色聖誕樹燈飾的熱潮，雖然有些人無法認同，在寒冬中裝上冷色系的燈飾……。不過，這可能是因為發現了藍色發光二極體的喜悅，還在全世界發燒的緣故。

畫范恩圖，釐清自己想要什麼

運用三原色的組合，就可以表現所有顏色，這理論也可以用來思考事物。

尤其要製造新的東西、創作某種新的表現時，要嘗試什麼可行什麼不可行，或是針對各種可能性進行思考時，都可以應用這個理論。

首先，就是思考最重要的三個條件、三個要素。

這種感覺很像三本柱，但最大的不同是，光的三原色中的三個項目**不是獨立的，而是融合在一起的**。

就像三原色透過各種形態融合，最後呈現無限多種的顏色一樣，配合三個要素來思考各種的可能性。

如果以不相同的三個要素為基礎，畫出部分交疊的三個圓的「**范恩圖**」（Venn diagram，表示集合的一種草圖），就可以看到各種可能性。畫范恩圖時可以邊思考三個要素的分配比例，邊想像會做出什麼具體的東西。

如果以搬家為例，所設的三個條件可以是房租、坪數、交通的便利性，也可以是房租、屋齡、生活的機能性。

看候選物件如何達成這三個條件，就可以更具體選出符合自己希望的房子。

最理想的當然是房租便宜、坪數大、交通方便，但現實往往事與願違。

物件中，有的房租不貴、大坪數，但交通不便；有的房租高、大小普通、交通尚可；有的房租高、大小普通，但位於市中心……。若你想要搬家，就要視這三個條件的符合程度，選擇對你而言最適合的物件。

從范恩圖可以清楚知道，自己最想要的是哪一塊，或是自己可以包容的範圍有多大。

當然，條件也可以設的更詳細，但是，我認為三個還是最容易做整合。四個以上的話，各種狀況的組合會變得既複雜又混亂。所以還是三個最有威力。

同樣的，如果你要做的是開發新甜點的企畫，就要先設立最受重視的三個條件，例如：味道、口感、新鮮度，然後再思考這三個條件的分配比例。假設你比較重視的是味道和觸感，可以考慮推出「能讓味道和觸感更提升的新商品」。

先設三個要素、三個條件，再思考分配比例、重視的優先順序，就可以看到各種可能性，並透過不斷摸索、反覆實驗製造或推出新的東西。

想製造新的產品或思考某個企畫時，如果只用一開始想到的點子深入探討，會無法擴大思考的範疇。

因此，請先設定你認為重要的三個要素，再試著畫范恩圖，這麼做就可以知道標的物落在哪一個地方，甚至還可以看到不同概念。

想創造什麼或產出什麼時，整體的輪廓常常是籠統含糊的。因此，首先試著

先用范恩圖畫出三個條件再進行思考

（決定要搬家時⋯⋯）

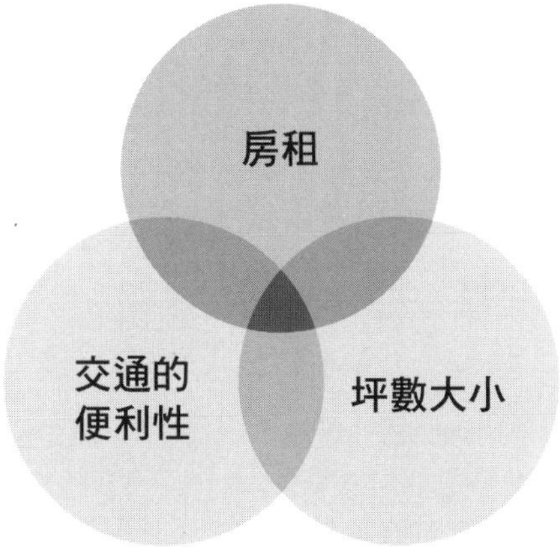

（企畫推出新甜點時⋯⋯）

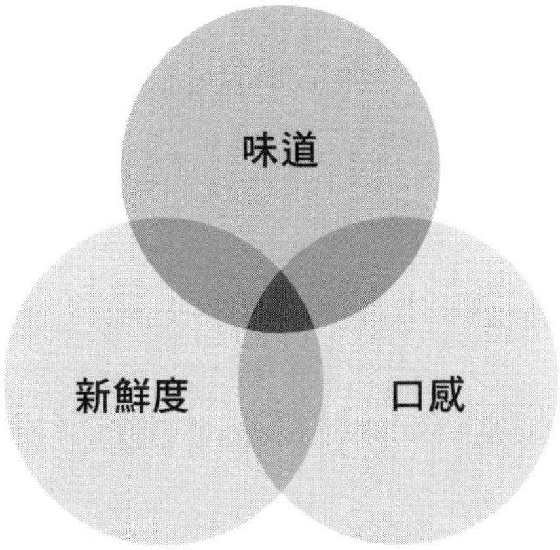

提出自己所重視的要素。然後，當你在思考這些要素的組合時，事物就會越來越清晰，甚至可以看清楚自己想做的東西，或應該做的東西。

活用光的三原色理論，為公司找到人才

光的三原色理論也可以用來分析性格和資質。

關於「對人而言，最重要的資質是什麼？」這個問題，我在前文提到用「三本柱」的方式來思考。

如同前面所述，孔子認為人應該具有的重要德行是「智仁勇」。雖然孔子把仁放在最重要的位置，最理想的還是三者皆備。但是現實中，人並不是單純只擁有其中一種，這三種資質的分配比例會因人而異，所以這世界上並沒有單純的「智」者、單純的「仁」者，而是人人都以不同的平衡方式，擁有各自的資質。

「智仁勇」就像是各不相同的三原色要素，只要思考這三種資質，就可以描繪各種人物的形象。

負責篩選新進員工的人，可以用「光的三原色」方式，分析應徵者的性格和資質。只要先設定如「智仁勇」一般，公司希望員工所擁有的資質，就可以進行具體的評分。舉例來說，「這個人智的部分雖不出色，但積極、勇敢，在營業部或許可以有所發揮」等等。

大文豪的作品中也用三原色理論讓角色發光

設定小說、劇本、電影人物或角色的個性時，也可以應用光的三原色理論。如果你要寫小說，做人物設定時，一定要善用光的三原色理論。

事實上，俄國的大文豪杜斯妥也夫斯基（Fyodor Dostoevsky），在寫《卡拉馬助夫兄弟們》（*The Brothers Karamazov*）時，就像知道光的三原色理論似的，讓三個擁有不同特徵的兄弟登場。

長子是德米特里，次子是伊萬，三子是阿列克塞，他們三個人就像光的三原色一樣，各自擁有不同的鮮明色彩。

長子德米特里的個性直來直往、血氣方剛，是言行坦率型的人物，全身充滿熱情。由於個性單純又花錢不手軟，很快就可以和別人打成一片，甚至和父親爭奪女友。由於還算直率，所以應該算是可愛的人物。

次子伊萬，喜歡擺架子，總是用譏諷的目光看社會，悲觀、無神論者、有左翼思想。雖然有才智但和長子不同，是個熱不起來、沒有溫度的人物。

在這部小說當中，《宗教大法官❺》那一章非常有名，伊萬所寫的故事就是在這一章中登場的。在這個故事裡，宗教大法官對復活的耶穌說：「你看，這就是你所創造的世界！你看看現實的狀況！」又說：「你所帶來的自由，對人類而言是個重擔。」宗教大法官說了那麼多，言下之意就是人類無法承受自由。這對當時的俄羅斯或西方國家來說，是一個相當刺激的故事。當然，真正寫故事的人是杜斯妥也夫斯基。但是，杜斯妥也夫斯基就是要透過這個故事，來描繪伊萬這個人物。伊萬就是因為太過理性，最後精神錯亂崩潰了。

三子阿列克塞在杜斯妥也夫斯基的筆下，成了耶穌轉世投胎的人物。因為阿列克塞對每個人都可以敞開心扉，所以大家都很喜歡他，總是圍繞在他的身邊。

讓父親和長子陷入三角戀的女子格露莎，在阿列克塞面前就格外老實。格露莎是靠和男性交往賺錢的蕩婦，但是面對阿列克塞，她不但坦白自己的過去，還說：「如果能夠得到你的愛，我一生足矣。」這就是戀愛，所以她希望阿列克塞能夠原諒她並接受她。

這個作品中每一個角色都很獨特，而且相互之間沒有共同的特質。雖然這些人物的個性很極端，但杜斯妥也夫斯基或許認為，透過擁有如三原色一般個性迥異的兄弟，就可以做各種不同的詮釋和呈現，並描繪所有的故事。

在這部小說中，除了這三兄弟之外，其實父親還有一位私生子斯麥爾加科夫。杜斯妥也夫斯基把斯麥爾加科夫描寫成一個惡魔，在他身上完全看不到三兄弟的任何特色。雖然這個人物被光的三原色理論摒除在外，但是他的存在就如同無光的「闇」（黑），再加上他排行老四，四是個不吉祥的數字，所以這個角色也非常耐人尋味，是亂入三兄弟這三根大柱中的嗆辣人物。

⑤書中次子伊萬所寫的一齣戲劇，出現在《卡拉馬助夫兄弟們》的第五卷第五章。

半澤直樹是怎麼塑造出來的？

《CUT》雜誌曾專訪過日本大明星堺雅人，我看了這篇專訪後嚇了一跳。因為關於《卡拉馬助夫兄弟們》這部作品，堺雅人的看法竟然和我如出一轍。

他說：「演員可以飾演各式各樣的角色。但是我認為其實**『人』，透過卡拉馬助夫三兄弟的組合就可以呈現。**」

我想堺雅人的意思是說，運用這三種不同人格的比例分配，就可以塑造各式各樣的人物，經過調和就可以和各種角色打交道。

現實中的人雖然不像卡拉馬助夫三兄弟那麼極端，但是大多數的人都擁有這三個人的性格要素，所以才會有形形色色的組合方式。

「堺雅人真是聰明！」我由衷讚嘆。他不但閱讀《卡拉馬助夫兄弟們》，還能應用這部小說，創造自己的演技理論，果真是才華洋溢。

堺雅人曾經飾演的角色中，半澤直樹的魄力與勇氣驚人，有強烈德米特里的影子，不過，這個角色也有像伊萬一樣的理性部分。另外，雖然阿列克塞沒有大喊「加倍奉還」，但在半澤直樹身上，也可以看到一些阿列克塞的性格。大家覺不覺得半澤直樹，就像是德米特里加伊萬，再加上一點點的阿列克塞呢？

在《王牌大律師》中的古美門研介，聰明、毒舌、沒有人品，沒有阿列克塞的特質。如果從孔子的角度來看，就是沒有「仁」的部分。這個角色雖然欠缺「仁」德，卻是個有趣的人物。

在《篤姬》中，堺雅人飾演的將軍家定，就有阿列克塞的影子。這個角色不聰明、不擅長表達感情，完全沒有伊萬和德米特里的要素，但人格是偉大的。不論穩重、勇敢，或是只有智慧是高人一等的角色，堺雅人演任何角色都絲絲入扣。

堺雅人的演技真的是非比尋常，以前我常在想，世界上怎麼會有演技如此出神入化的演員，看了這篇專訪後我終於明白了。

他或許就是靠《卡拉馬助夫兄弟們》鑽研演技，以《卡拉馬助夫兄弟們》為演技的主軸。

面對壞事時，用三本柱思考破解

三的思考方法，除了可以用來處理好的事情，也可以用來解決不好或不如意的事情。

這是我個人透過多年來的經驗才明白的道理。出現「最近，總是無精打采、鬱鬱寡歡」的狀態時，我大概都會有三件令人擔心的事情。所以我把這三件令我擔心的事稱為「**壓力三本柱**」。

如果所擔心的事情或造成壓力的原因，只有一個就完全沒問題，因為大概都能夠解決。如果有兩個，雖然有點辛苦，但只要坦然面對還是可以排除。不過有三個時，受創情形就很嚴重了。當三種壓力如排山倒海重疊在一起，就不是單純一個一個的問題了。

當有三種壓力凝聚成不好的心情時，就會讓人對自己的生活方式產生疑慮，嚴重時甚至會讓人厭惡自己的人生。

一般來說，三種壓力重疊在一起的機率並不大。但是，只要三種壓力一重疊，本人就不會認為這是偶然。因此，就會質疑，是不是自己的生活方式有問題，或煩惱是不是自己的性格、能力有問題，甚至有可能越陷越深、無法自拔。

順便一提，我最怕的工作就是校稿，校稿對我而言是一種莫大的壓力。我覺得看打樣找錯誤的工作很單調，所以特別容易疲憊。我想去做動腦、有創意的事情，校稿工作卻拉著我的腳不放，我也討厭擱著錯誤不處理。雖然知道校稿的工作很重要，但我就是覺得累。如果同時有三本書要校稿，就是壓力三本柱，這時我就會嘟囔人生真辛苦而鬱鬱寡歡。不過，只要校稿工作一結束，我就會馬上脫離這種狀態。

我周遭的人只要聽到我碎碎念：「我受不了了，我討厭我的人生！」就知道我在校稿。而且我只要發牢騷表示人生就是這麼回事，心情就可以平靜下來。

我想大家應該都有讓自己厭煩、疲憊的壓力成因。尤其是當三個壓力重疊在一起時，就得承受重大的創傷。例如：工作上的人際關係、小孩問題、金錢問題……根據個人的性格或狀況，又會產生各種不同的壓力。

只要看清楚自己的壓力三本柱，就能夠冷靜下來。因為疲累而感到心情低落時，告訴自己，這是偶爾才會出現的壓力三本柱，就可以讓自己稍稍平靜。

「原來幽靈的真面目，只是一株枯萎的芒花。」這句日本俳句的意思是，只要弄清楚事物的真實狀況就沒什麼可怕的。換言之，只要知道自己心情不佳的原因就能夠安心。丹麥的哲學家索倫・奧貝・齊克果（Søren Aabye Kierkegaard）也曾說：「人會不安，是因為看不見對方。」

了解心情鬱悶的原因之後，就可以開始採取行動逐一解決，三個壓力重疊在一起很辛苦，所以縱使只消滅一個也會輕鬆許多。先從最容易解決的開始著手，最後，縱使留下的是最大的壓力，也會因為只有一個而安然過關。

沒有人的一生會毫無壓力，只要工作就必定有壓力。有人說適度的壓力對身心是好的，因此，重要的是和壓力打交道的方法。現在，就寫出折磨自己的三件事，並學習讓自己好過、不逼迫自己的技術。

2 龐雜中找秩序，用三盒子見樹又見林

本節重點

- 寫論文或報告時，先思考要放入三個盒子（三章）裡的內容。
- 一章設三個項目（三節），總共是九個項目，比較容易掌握。
- 運用三個盒子在混沌和有秩序的世界之間來來去去，就能夠展開創造性的思考。

在上一節，我提到思考時，最重要的是先思考三本柱（最主要的三個原因）。現在，我要更進一步建議大家，寫論文或做報告時，用「**三個盒子**」的方式。把應該要思考的重要內容，當作是一個有寬廣度的區域（area）。所以不是

三根柱子，而是三個盒子。

首先，要思考放入盒子裡的內容。**如果要思考的事情，很複雜又很難環顧整體狀況**，用這種方式思考的效果極佳。

到目前為止，我都是用這個方式寫論文、寫書。

我會這麼做，全因為查爾斯・桑德斯・皮爾士（Charles Sanders Peirce）這位學者。他創建了符號學分支的邏輯學，而符號學在一九八〇年代至九〇年代非常流行時，我曾拜讀他的幾篇論文。我發現其中有些論文，都是先設定三章，然後在各章之下再建立三個項目。

「原來可以機械式的用『三』來寫！」

於是，我開始模仿。我也試著把論文和書先**分成三章，然後再把一章分成三個項目，三章就是九個項目**。果然，論文就好寫多了。

我寫《呼吸人類學》這本書時，就是從思考三章，也就是從思考三個盒子裡面有什麼開始。

雖然我的專業領域是呼吸方面的研究，但因為這本書，我把呼吸當作複雜的現象闡述，所以非常煩惱該如何分類，於是我決定模仿皮爾士先分三章。結果竟然就完成了這本書的整體結構。

第一章是「世界和自己之間的關係的呼吸」，第二章是「別人和自己之間的關係的呼吸」，第三章是「自己和自己之間的關係的呼吸」。我把呼吸現象分成什麼和自己之間的關係來深入探討。

能夠完成章節的建立，之後就可以順利進入寫書狀態。

事實上，把呼吸這種既複雜又具多義性的現象分成三章階段開始，我就已經**看清了書的整體結構**，並知道各個項目要寫些什麼內容了。

寫論文時，如果只在一個大主題之下長篇大論，其實**腦子裡的各種想法是錯綜複雜的**。例如，整體的結構該如何建立、很多必須談的內容該從何著手等等。簡單來說，真正要提筆時會陷入束手無策的狀態。這時，大家就**可以試著大致先把內容分成三個盒子**。

先為三個主題準備三個盒子，然後思考要放入三個盒子裡的內容。於是，要分別放入各盒子裡的內容就會慢慢浮現，並將盒子填滿。同時，論文的整體結構也建立完成了。

因為三個盒子裡的內容不會太過詳細，所以大家可以邊看重點，邊思考各個細節。

事實上，資料、數據、紀錄也都可以運用三個盒子進行分類儲存。這麼做，複雜的事物就逐漸整理出頭緒。而且因為可以看清整體的結構，所以很容易進入書寫的情境。

寫了《呼吸的人類學》之後，不論是寫論文或寫書，我都會用「三個盒子」這個方式，讓我寫論文有如神助。

套用「形式」以推動思考

提到三個盒子方式的優點，就是可以不必為論文的結構煩惱。如果從要分成幾章、要如何進行論述開始，會一直在動筆的入口處徘徊，得花一段時間才能真正進入書寫的狀態。

但是，用三個盒子方式，想的就不是全部應該分成幾章，而是用三章歸納想論述的東西、應該要有哪些內容。總而言之，就是要強迫自己用三章去思考，大多數的狀況用三章就可以做歸納整理了。

建議要寫論文的學生，首先分成三章。然後，準備不同主題的三個盒子。

在這個階段，如果不能確切知道三個盒子的主題也沒關係，即使其中一個是迫不得已想出來的也無所謂，總之，就是準備三個盒子，然後，開始思考要放入盒子裡的東西。

如果有學生就是想不出任何關鍵字，我會說：「**姑且就先寫上數字一、二、三。**」只要在筆記本上或電腦上，寫上或打上第一章、第二章、第三章，就會想在各章之下加入一些內容。只要有想加入的一、二個內容，就能夠逐漸看清盒子的主題。

或許有人會覺得，突然從一個形式進入根本是強人所難。但是藉由硬逼，反而更能提升思考的能量和速度。

只要設定三個盒子，就可以具體思考。腦力激盪之後，就可以看到放入盒子中的具體內容。

只要有盒子這個形式，就可以針對要放入盒子裡的東西進行思考，因為形式就是為了給予思考的動力而開發的。

事實上，思考三個盒子的內容時，我們能夠自然掌握主題的整體結構。決定三章時，被逼迫的強制力，會讓大腦控制所有的狀況，並找出建構書本、論文的主要支柱。

掌握整體結構是項煩人的工作。大多數的人都不喜歡，所以不是先跳過，就是乾脆不做，讓它過截稿日。

但是，只要有三個盒子的形式，腦袋就會動起來。

如果中途覺得盒子換個主題比較好，就改變主題再為盒子放入新的內容。**會這麼做，表示你對論文開始做深度思考**，大腦的引擎已經馬力全開了。

在三個盒子裡再放入三個盒子

準備三個盒子之後，開始思考三個盒子裡的內容時，每一個盒子當然都會被許多要素填滿，所以還必須分成若干項目。

不論是論文或書本，每個主題中都還會有小主題，所以每個盒子中，必須要放入更小的盒子。換言之，就是**為思考建立階層**。

這時，我還是建議一個大主題設三個小主題，採用三個大盒子裡，再各自放

複雜的事物可以運用三個盒子思考

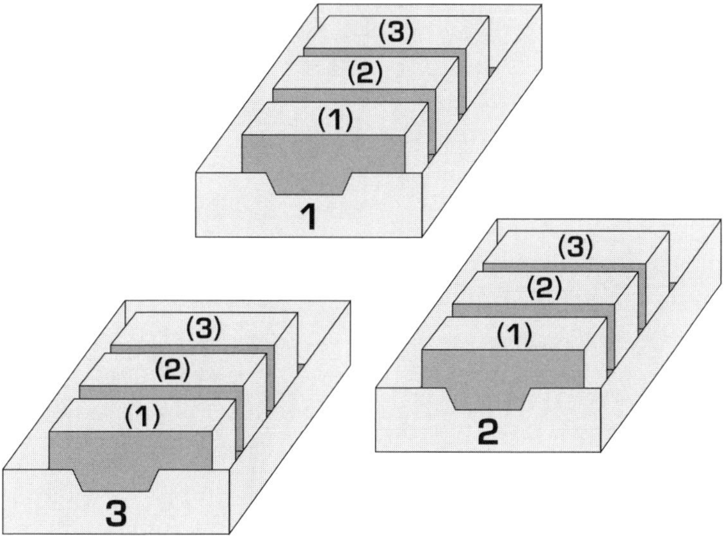

寫文章時，先把內容大致分成三個盒子，要分別放入各盒子裡的內容，就會慢慢浮現腦海並將盒子填滿。

如果每個盒子都被各種要素填滿了，就進一步用一個盒子裡再放入三個小盒子的「套匣方式」。

入三個小盒子的「**三的套匣**」方式。

一開始小主題沒有名字沒關係，只要把該寫的東西或該思考的內容，分類放入小盒子中收納就可以了。

重要的是，放入大盒子中的小盒子數，不是四個而是三個。

因為三是最容易處理、最容易思考的數字。一個大盒子放入三個小盒子，全部的項目就是九個。用不到兩位數的項目很容易掌握整體結構，就如同我們用手指頭數一樣，超過十就很難管理。

只要想出三章九項，目錄在瞬間就完成了。目錄完成的同時，論文的整體結構、論述方向也會跟著明確。所以，只要目錄一完成，開始寫本文的困難度就會降低許多，可以從會寫的部分著手。

先建立階層很重要

如果總共是九個項目的話，也可以不分三個大盒子、三個小盒子，直接把一到九個項目排成一排進行思考。

像這種掌握整體的方法中，有一種叫做「KJ法❶」（Kawakita Jiro Method）。先將想到或是觀察到的東西，全都寫在便利貼之後，貼在筆記本或白板上，再將混亂的資訊分群組做歸納或合併。這是一種非常有效的思維法。

不過，如果用來寫書或寫論文就有點辛苦了。把想得到的所有要素（書本、論文的量都非常龐大）都列出來之後，再分群組、建立章節、分項目……。這一連串的步驟，得花很長的時間才能完成。如果寫的是企畫書或短短的隨筆還可以應付，但如果是論文等等的長篇大作時，就會無法有效率的整理。

這時，如果用的是三個盒子方式的話，一開始就有形式可循。先準備三個大盒子，在三個大盒子中再分別放入三個小盒子。

開始思考時，很難一下子就想出九個項目的具體內容。因此，只需設定有階層形式，如大盒子中有小盒子。然後，再把想到的各種想法、內容適當的放入盒子裡。

---

① 又稱A型圖解法、親和圖法（Affinity Diagram），由日本人類學家川喜田二郎發明。

歸納好點子後，就可以看到整體的結構或自己的想法。透過腦力激盪，各種想法、創意都會源源不絕湧上來，但是那麼多的想法當中，何者是大主題，何者是某個主題中的構成要素，思考者無法立即判斷。只要準備有階層目錄結構的盒子，就能夠馬上判斷「這是放入A盒第三號小盒子中的點子」。

如此一來，就可以邊掌握整體的結構，邊看清零碎的細節。而且在觀察當中，能夠帶著自信開始動筆。

因此，我會**先用KJ法列舉關鍵字，然後再把關鍵字歸納成三個群組**。除了寫論文、寫書之外，用大主題思考事物時，建議大家也用三個盒子方式。把各種想法分階層歸納整理之後，就可以邊掌握整體的輪廓邊思考細節。總之，這個方法可以提升思考的速度，讓人快快動手處理事物。

不拘泥於「三章」，但四章以上必出自三章

做了三個盒子，在思考盒中內容時，或許腦子裡還會蹦出似乎是新體裁、新

類型的「第四個盒子」。

這時，就要檢視或比較一下，三個盒子和第四個盒子的內容，是否有類似的地方。例如，建立心之章、技之章、體之章為必要的三章之後，又想到了「氣之章」。就要深入比較一下氣是否和心類似、氣是否可以放入心的項目，或是否可視情況把氣放入技的項目等。

經過一番比較之後，最後的結論通常都是，大多數被認為是新盒子的內容，都會被之前三個盒子中的某一個吸收。或是如果第四個盒子的類型比較有可看性的話，就會用來取代原來其中的一個盒子，然後再把原本盒子的內容，作為其中的項目。

如果發現更合適的主題，只要在這個階段做變更就行了。準備三個盒子並不是要做決定，所以可以在持續思考當中做適度的調整。畢竟盒子只是深入思考的工具。

如果新想到的主題經過三思之後，確定真的不同於已有的三個盒子，也可以設定為第四個盒子。三只是方便思考的數字，所以**無須執著非三章不可**。配合需要，要建立第四章、第五章都可以。

有時，以第四章為大主題，還可以寫出新論文或新書。事實上，在推敲一篇論文或做一本新書的企畫時，常常會出現下一篇論文或下一本書的素材。經商也一樣，進行某一個專案時，會出現下一個專案或下一個企畫的點子。

「三個盒子方式」除了用來歸納整理之外，還具有延展思考的效果。

用「套匣方式」大中小做筆記清楚易懂

這是從三個盒子方式衍生出來的話題。要了解複雜的想法或進一步深入探討，一定要分「階層」來思考。

因為分階層思考，就會看到想法被分成大項目，再被分成細小的項目。歸納整理想法時，如果在三大盒子裡，再分別放入三個小盒子，就可以輕鬆進行階層式的思考，清楚自己現在用什麼立場思考什麼事情。

平常整理資料時，如果用「套匣方式」寫筆記或做紀錄，事物會格外清楚。

簡單來說，不論是讀書或整理資料，需要記筆記時就可以善用階層結構，在大體裁、大類型之下，再設小體裁、小種類。

事實上，這就是在東大（東京大學）的學生身上，常常見到的筆記方式。以前就有出版社，陸陸續續出版和東大學生筆記有關的書籍，其實三十幾年前我就已經注意到這件事了。

讀大學時看了周遭的同學，我受到了很大的打擊。「為什麼這些人可以把筆記寫的這麼完美！」順便一提，我是個怕麻煩幾乎不記筆記的人。但是，我周遭的同學竟然個個都是筆記達人。

當時東大法學院的課，最可怕的地方就是，每位教授上起課來都喋喋不休。他們不寫黑板，就是一直說，而且在課堂上絕對聽不到「這個可以分成三個部分」這類的話。只要想到，光認真聽這些平鋪直敘的內容就可以理解，我就覺得當時的學生真的太偉大了。

更令我驚訝的是，看了同學們的筆記之後，我發現他們竟然可以自動把教授平鋪直敘、喋喋不休的內容階層化。

從筆記的最左端開始是「大項目」，向右移一個字是「中項目」，向右移兩個字是「小項目」。他們就是用這種形式**讓筆記階層化**，並透過階層化整理筆記的內容。

用階層結構整理筆記

大項目→ ◎當腦袋一片空白，選「三」想法就具體起來

中項目→ ○選三個，沉睡的腦袋立刻動起來

小項目→ ・選三個，讓頭腦先熱機

・在日常生活中養成「選三個」的習慣

・……

○讓思路清晰的分三類法

・使用三色原子筆，收集和分類同時兼顧

・你是誰？綠筆告訴你

・……

○用三評分，做決定不出錯

・評分從分成三個等級開始

・……

◎三的思考：我用了三十年的武器

○混沌沒頭緒？用「三本柱思考」破解

○龐雜中找秩序，用三盒子見樹又見林

○二選一製造對立，第三選項幫你游刃有餘

◎用「三」改變行為，成為更好的自己

○行動三字訣，從束手無策變強者

○用「三」管理你的日常，效率高壓力小

○人生要有目標：駱駝、獅子、小孩

總而言之，就是透過內容的重要度和分類，判斷教授上課內容的等級，並做大、中、小項目的分類和說明，進行筆記的階層化。說實話，我覺得看這些筆記比聽教授上課更容易懂。

我想大多數的人，都無法在瞬間將別人所說的話區分等級。不過，這種做筆記的方法，是可以透過訓練和習慣培養的。

把你認為是大項目的東西從最左端開始寫。大項目之下的內容，則從稍微向右隔一個字的地方開始寫。

不習慣這麼做的人，記筆記時可以先設三個大項目，然後在每個大項目之下設三個中項目。

一個大項目說明完畢之後，接下來的內容要納入中項目，還是另起爐灶再設一個大項目，由自己判斷。總之，只要用階層的概念做筆記，就可以更深入理解困難的內容，這和只記重要的關鍵字有天壤之別。用這種方式記筆記，應該就能夠邊看筆記邊為別人做說明。

大哲學家康德也用三個盒子思考

為了寫論文，我參考皮爾士的做法之後，還自創了「三個盒子方式」。後來，我又發現某一位大人物也用三個盒子方式。

這位大人物就是德國有名的大哲學家康德（Immanuel Kant）。

在眾哲學家中，康德是一位非常傑出的人物。康德之後的哲學家，都是在他建造的框架中思考。

事實上，康德也對三非常執著。例如，他捕捉人的方式就是用「感性、悟性、理性」這三個要素。

「感性」是直覺力，「悟性」是理解力。其實用這兩個要素就足夠了。但康德似乎想湊齊三個要素。所以，「理性」出現了。有人認為悟性和理性很類似，但是康德認為理性是一種綜合性的判斷，是一種構想力、推理能力。

簡單來說，讓感性和悟性融合時，還必須要借助理性。

雖然這是三個要素，但是，**第三個要素其實是為了，讓其他兩個要素能夠融**

才存在的，這是一種在兩個盒子上，再放上另外一個盒子的結構。

從用三個項目捕捉人這件事來看，顯而易見康德也是個酷愛三的人。康德的主要著作是《純粹理性批判》、《實踐理性批判》、《判斷力批判》這三本書。這三本書就是赫赫有名的「批判系列著作」。

為什麼康德對三如此執著？

要把現實分成三類是不可能的，現實絕對比我們所想的更複雜，康德當然明白這個事實。

但是，康德認為只要**先鎖定三個，就可以向下挖掘深入思考**。他大概是憑直覺認為，盡可能把盒子數量減到最少，效率會比較好。

因為盒子的數量越多，必須探討研究的東西越多，就要花很多時間思考。所以康德認為盒子的數量，只要在必要的最小範圍內就可以了。因此，盒子數量就變成三個了。

結果，康德就用感性、悟性、理性這三個要素來捕捉人。

為了掌握人類最複雜的思考部分，康德先準備三個盒子，之後就專心埋頭向下深掘。或許他認為這麼做就可以網羅一切。

因為三個盒子，會化身為思考的推土機向下深入挖掘，結果，康德就以「批判系列」三部著作奠定了哲學的基礎。以上是我個人的推測。

因此，三個盒子方式有推動思考的力量。

當然，能夠準備三個什麼樣的盒子也非常重要。康德能有所成就，就是因為他準備的三個盒子實在太高超了。

正因為找到了三個高超的盒子，康德才能夠以這三個盒子為墊腳石，一步一步拓展思考的寬度、加深思考的深度。

結果，康德之後的哲學家們，都以康德創造的架構為基礎。因為這個架構的力量實在太強了，哲學家們無法逃脫康德建立的三個盒子。當然，雖然有人批判康德的分類太過單純、太過落伍，但認為應捨棄單純而做複雜思考的學者們，還是以康德所建立的範本為前提進行思考。

從「混亂」中開啟創造性的思考

雖然我們都遠不及康德，但我們還是會思考。而且，人只要一做創造性的思考，腦袋就被各種想法、邏輯搞得亂七八糟，變得一片混亂。

但是，要產生創造性的思考，腦袋就必須要亂七八糟。因為**較深入、較周到的思想活動，都是在雜亂的狀態中開始**。

一開始就非常清晰的想法，其實很多都不具創造性。一開始做起事來就非常流暢明快的人，事實上很多時候不太用腦子。

思考新的事物、具有創造性的事物時，腦袋一定會被形形色色的想法搞得雜亂無章。

因此，最重要的就是整理這些想法。

意思是，把混沌狀態（chaos）整理成和諧有秩序的宇宙（cosmos）。如果過程當中又產生了新的點子，就再回到混沌的狀態，重新整理找出新的秩序。換言之，**穿梭於混沌和秩序之中的過程就是思考**。

因為要在混沌和秩序之中來回走動，所以思考需要極大的能量。大多數的人都不願意挑戰混沌，覺得這是一樁麻煩的差事。

不過，還是有人像康德一樣，在混沌和秩序之中往返無數次，因而創造了偉大的思想、哲學、科學。

協助康德等偉大先人們成就偉業的力量當中，三的力量就是其中之一。想要從混沌的狀態駛向有秩序的宇宙時，可以以「三個盒子的船」為工具。

搭上任何事物都用三思考的船，可以安全渡過混沌的大海，抵達有秩序的宇宙彼岸。只要帶著信念這麼做，就會有勇氣在混沌當中思考。在思考當中把各種想法、點子好好整理過後，就可以看到偉大的真理了。

讓我們也仿效康德，搭著「三」的船在混沌和秩序之中來回思考。

3 二選一製造對立，第三選項幫你游刃有餘

本節重點

≫要擺脫二項對立，就要思考能夠成為第三選項的新點子。

≫讓人際關係、交涉談判有灰色地帶。

≫用PISA的申論題方式應付東方人最不擅長的辯證法。

雖然我酷愛三，但是如果從客觀的角度看世界歷史的話，就會發現「二」也同樣具有極大的影響力。

所謂二元論（Dualism），就是將事物用兩兩對比的方式詮釋的一種思考。例如：男女、陰陽、善惡等等，透過比較的方式來解讀事物，在對立的兩個東西互相競爭當中，看社會的各種現象。

就像古希臘的哲學家赫拉克利特（Heraclitus），用「二元論」來看大部分的現象一樣，其實二元論、二項對立的思考方法，自古以來就已遍布全世界。印尼的哇揚皮影偶戲（Wayang Kulit），常常演出善和惡的戰爭，印度敘事詩《羅摩衍那》（*Ramayana*）描繪的也是善與惡的戰爭，這些全都是二元論。

即便是現今這個時代，二元論還是擁有強大的力量。把社會分成善與惡，把對手當成惡人交戰，都是一種勸善懲惡的思維模式。從國際政治到地區問題，甚至是個人問題，都可以看到二元論的影子。

因為對人而言，把世間、社會分成兩個世界，再讓兩個世界交戰，是一種最簡單的掌握方式，所以二元對立就成了極富魅力的世界觀。

問題是，用「二」真的好嗎？

基於易懂這個理由，人們常會附和二元論、二項對立。但是，二元論的結論幾乎都是「自己是對的，對方是錯的」。戰爭時的思考模式大都是二元論。

就連因宗教而引發的戰爭，也幾乎是二項對立的模式。這種不是我們就是別人的單純世界觀、非黑即白的二元論真的很容易爆發無意義的戰爭。

二擇一，讓人停止思考

我個人認為，非A即B的二擇一，是一種非常危險的思考方式。只要一出現**二擇一**，大家就會逐漸**失去思考力**，不再動腦去思考別的選項。

「是贊成還是反對？」是當今政界最常使用的一種問政方式。

二〇〇五年，日本當時的首相小泉純一郎在眾議院舉行議員總選舉時，針對郵政民營化這個議題，就是用「是贊成還是反對」的方式，讓所有的人都投贊成票，進而讓自民黨獲得壓倒性的勝利。但是到了後來，大家的感覺竟然是「這個議題到底是怎麼回事！」當時，人民對於郵政民營化其實並不感興趣。我強烈懷疑在應該民營化的項目中，郵政的排名是墊底的。簡單來說，這個議題因為被貼上「是否民營化」的二擇一名稱，才會突然成為鎂光燈下的焦點。

政黨輪替時也是如此。當拋出「政黨需要輪替嗎？」的議題讓大家二擇一時，大家異口同聲說需要，執政黨的票就流失了。事實上，政黨輪替到底會有什麼改變，根本無人深入研究。後來，在一片混亂當中，前一屆失利的政黨又獲得大勝。換言之，在二擇一巨浪中，我們的社會也跟著震盪了。

總之，像這種非A即B的詢問方式，會讓人沒有其他想法或停止思考，甚至讓思考失去柔軟度。受到非A即B的煽動，人會深信並逼迫自己在這中間做選擇。結果就不管三七二十一從中選一個，未深思熟慮，就只憑當時的氣氛、當下的心情做選擇。

因此，對於二擇一的危險性，我們必須有所警覺。

會產生新想法的「第三項」

我們常說要明辨是非、曲直、善惡，即非黑即白，但黑白之間還有漸層色。雖然有時我們也必須像法官一樣，在有罪和無罪之中做明確的選擇。但基本上，思考時還是不宜二擇一，或是都可、都不可。

不過，二元論的確容易讓人在思考時進入死胡同中。那麼，如果不想陷入二元論或二擇一的思考，到底該怎麼做呢？

就是讓三上場。

如果被迫做二元論的思考，或做二擇一的選擇時，就想是否有非A非B的第三條路可走。

運用第三要素、第三選項的登場，讓世界觀變複雜，腦袋就會自己動起來。這麼做就可以為因為二元論對立的模式，而呈現膠著狀態的世界帶來變化。

例如，男人和女人，這是兩個絕對對立的項目。如果只用男人和女人這兩個項目進行思考，就會陷入男人和女人不一樣的膠著狀態。

現在，有些公眾人物，既不是男人也不是女人，或是既是男人也是女人。所以我們必須要加入第三觀點、第三視角來正視這些多元風貌。

另外，男人和女人之間如果有了「小孩」，典範就會馬上改變。首先，小孩和性別無關，小孩就是小孩。只要在男女二元論中，加入小孩這個新的要素，家族就成立了。

男女很明確是「二」個項目。但是有了小孩之後，會以三角形的模式擴大。到了下一個世代，孩子又會被分成男女，繼續製造下一個三角形。人類就是用這種三角形的香檳塔形式，一直綿延下去。

生命透過男、女的性別，和由第三選項的孩子創造的三角形來延續，而歷史也是在這條鎖鏈當中持續發展。

就如同人類的歷史，因為孩子這個第三選項就可以延續下去，思考只要加入第三選項就會出現變化。

舉例來說，由資本主義陣營和社會主義陣營，造成的冷戰對立結構（Cold War），因為「第三世界」的加入，讓世界觀整個改變了。大家只看到東西的對立，其實除了美俄之外，外面還有更遼闊的世界。而這個世界裡，至今還有許多人是被壓榨、被棄之不理的。除了東方和西方的對立之外，我們還應該要思考這些問題。

法國革命也是因為有第三選項的力量才發動的。對國王、貴族而言，等於是「第三等級」的市民抬頭了。平民要求有自己的權利，因此爆發了革命。這也是因為第三選項的登場才會出現的新活動。

雖然靠一和二可以取得大致上的平衡，但當第三勢力出現時，既有的結構就會被這種新力量推倒。

不是好友，就是路人？人際關係必須充滿灰色地帶

在人際關係裡，有很多人會用極端的二分法，把人分成好人、壞人，或是喜歡的人、討厭的人。最近，網路上的各種謾罵事件，這種傾向越來越強。我認為用二分法，即用二項來掌握人際關係，就是折磨我們自己的主因之一。

「我以為他是好人，結果他卻背叛我！」很輕易就把這種話說出口的人，對人的了解似乎一點都不成熟。

「我以為他是好人，結果他不是！」一個人會說這種話，是因為在這種人的認定裡，人只有兩種，就是好人和壞人。只要在這之中，加入第三選項，對人的了解就會產生戲劇化的改變。**試著在好人（喜歡的人）和壞人（討厭的人）之間，加入第三選項的灰色地帶**，那麼，對人的了解就會格外深入。

絕大多數的人際關係，其實都有灰色地帶。其中，就包括了「勉強算好人」、「不可全信的人」各種漸層顏色。當我們用灰色地帶判斷人時，對人的理解就會加深。人際關係也會因而出現各種差異性。

之前觀賞日本某個綜藝節目時，有位女明星說了一句很有趣的話。這位女明星和一位男性朋友拌嘴之後，介紹這位男性朋友是「比無更無」。這句話是日文嗎？我竟然聽不懂，仔細問了之後才知道，這是年輕人最近使用的流行語。

這句話分成四個階段：「比有更有」、「比無更有」、「比有更無」、「比無更無」。不是單純的「有、無」兩種顏色，而是還有更細膩一點的漸層色。

假設，這次的聚會是「比無更有（要去的人比不去的人多一點）」，我或許會勉強去看看。如果是「比有更無（不去的人比要去人多一點）」，縱使聚會還算有趣，我還是會打退堂鼓。

這個案例雖然不是把人分成三，而是分成四個階段，但在「有和無」之間，加入「比無更有」、「比有更無」兩個漸層色，就可以避免人際關係過於單純，而讓人更貼近現實、看清事實。我認為這四句流行語字字珠璣，非常有智慧。

如果是我，我會在有和無的中間，放入第三選項，再視狀況細分中間的漸層色。這樣好人就不會突然變成可怕的人，還可看清楚對方的真實面貌。

協調，就從灰色地帶開始

不論是協調事情或是開會，**灰色地帶**都很管用。

如果用非A即B的二項對立方式討論，結論通常都是議而不決。而且，討論的氣氛還會讓人窒息。

如果雙方的心裡都各自有明確的YES或NO，再怎麼談都不會有結果。因此，**重點應該放在建立「不需明確判斷是YES或NO」的灰色地帶部分**。

放眼灰色地帶，協調原來的案子，再提出「如果是這種條件如何」之類的第三個建議方案。只要這麼做，對方就會開始思考，心也會跟著動搖。

事實上，許多協調、談判的最終答案，都是灰色地帶中的建議方案。能否在灰色地帶中，提出對對方而言有魅力，對自己而言又有利的提案，得靠自己的本事。有這種本事的人，就是有協調、有談判能力的人。

不擅長協調的人大概都只會說非A即B。只要放眼灰色地帶，並在其中加入漸層色或等級，就可以提升提案和協調的能力。

常用非黑即白、二項對立方式看事情的人，一定要意識這中間有灰色地帶，並練習如何在灰色地帶中加入漸層色。

辯證法思考，就是捨二元、採第三選項

二元論常會讓人停止思考，導致雙方採取對立的姿態。擁有思考第三選項的能力，就可以避免這種狀況的發生。

快要陷入非A即B的二元論時，就要努力思考，想出不同於A及B的第三選項C。

因此，首先我們要**探討A和B各自的問題點和矛盾點**。然後，再**推論出非A非B的新想法C**，這就是**辯證法**（Dialectic）的思考模式。

因為辯證法是用對話（問答方式）來思考，所以又叫做「對話法」。柏拉圖的著作裡就可以看到「對話法」。當一方有自己的主張，而另一方又持相反的看法時，氣氛就會熱烈起來。辯證法就像是遊戲的規則，辯證的目的就是要從雙方的對話當中，找出令人滿意的第三步驟。

為了解決兩個對立意見的矛盾點，而從兩個對立的意見中，不斷尋找不同層次、不同時空的某個東西。如果因此而推論出新的第三個想法，就叫做「辯證法式的發展」。

這個過程可以用「正反合」三個字來詮釋。「正」是最初的論點（thesis），「反」是和「正」對立的論點（antithesis），摸索正反論點而推論出的結論就是「合」（synthesis）。

不是二擇一，而是引導出新的解決方案，就是辯證法式的思考方式。因此，意見先呈現對立的狀態也沒什麼不好。因為有對立、有矛盾，才會思考更具發展性的創意、點子。

「光到底是什麼？」這個議題讓人看到辯證法式的結論。

這是學者們不斷挑戰的一個大問題。尤其是光究竟是「粒子說」，還是「波動說」，幾個世紀以來一直爭辯不休。

經過許多科學家長年的研究，現在終於有了結論。這個結論就是「光既是粒子也是波動」。有人或許會覺得很愚蠢，但這是真的。根據科學家的解釋，從某一面來看，光是粒子，但從另一面來看，光是波動。

A和B一直以來都是對立的，結果卻出現了「既是A也是B」的第三個結論。這個結論讓眾人都跌破了眼鏡。一向只追求真理的科學世界，竟然得出這種辯證法式的結論，真是耐人尋味。

養成探索第三選項的辯證式思考

要避免二元論、二項對立式的思考，就必須訓練尋找第三選項的辯證式思考法。本書以學習思考的技術為宗旨，其中最重要的就是，要養成不二擇一，而且要經常思考第三選項的習慣。

辯證法不是要讓人選一或選二，而是要讓完全不同的第三選項出現，或是讓把一和二合在一起的第三選項登場。

而且，不是這樣就結束。第三選項（正反合的合）出現之後，思考者可再針對這個第三選項，提出對立的論點，繼續尋找下一個第三選項。辯證法就是用這種形式不斷向前邁進。

這就是為什麼新的正反合動作會一直發生的原因。隨著三角形接踵而來，辯證就會逐漸往更高層次發展。在正反合的三角形中，出現的第三個合，並不是並列式的第三選項，而是由第一項目和第二項目所創造出來的第三選項，所以第三選項就如同我在前面所說的孩子。

簡單來說，辯證法就是以矛盾為能源創造出來的思考法。因此，**對立和矛盾**非但不是壞東西，還是好的能量。

經常思考第三選項，就可以為思想帶來活力，避免陷入停滯狀態。辯證法的思考除了能擺脫二元論、避免不必要的對立，還可以以兩個不同的意見為基礎，創造新的想法、新的點子。

用PISA的申論題鍛鍊辯證思考力

但是，日本人對辯證法卻非常陌生。

東方社會凡事都以和為貴，討論時最怕看到兩個意見對立，兩方人馬唇槍舌劍。只要有人主張「這件事就這麼辦」時，連內容都不深究，就想馬上回應「說的沒錯」表示同意。

「大家不認為這種想法比那種想法更正確嗎？」要日本人掀起討論的戰火，讓大家交換意見猶如天方夜譚。

事實上，當有人提出反對的意見時，常會造成感情上的對立。兩個項目一對立，再加上人一激動，就很容易讓討論變成「哪一個是正確的」二擇一大戰，這種討論完全沒有建設性。**辯證法的目標，是尋找另一個可以解決兩個矛盾的結論**。但不可諱言在辯證的過程中，也常會讓彼此的意見都粉身碎骨。因此，日本人非常不習慣這種「從對立的意見推論出第三選項」的思考模式。

那麼，我們到底該如何鍛鍊這麼棘手的思考法呢？

我建議用PISA（國際學生能力評量計畫，Programme for International Student Assessment）的申論題。PISA是OECD（經濟合作暨發展組織，Organization for Economic Cooperation and Development）為調查十五歲學生的學力，所做的國際性能力評量計畫。評量的領域包括閱讀能力、數學能力和科學能力。其中閱讀能力中的申論題，就可以用來鍛鍊辯證法式的思考法。

假設題目是「塗鴉是對的還是錯的」，試題提供兩個意見。A認為是對的，

B認為是錯的。學生閱讀A和B的意見之後，再寫下自己的看法。乍看之下，這種問題好像很難作答。

其實這就是非常典型的辯證式問題。

主辦單位要的答案是，先針對A和B的意見，寫出自己的判斷，然後再寫下自己的評論。考生首先要**先判斷哪一方的意見比較有邏輯和說服力，然後把理由寫出來。不過，最重要的是談完兩個意見之後，還要寫出自己的看法**。能夠寫出對兩個意見的評論，並陳述自己的看法和理由的人，就可以獲得很高的分數。

但是，這時考生容易陷入二擇一的模式，在兩個意見中選一個自己贊成的來寫。用這種方式，會讓自己完全跟著某一方的意見走。當然，如果寫得還算有邏輯，或許也可以獲得不錯的分數。

如果想獲得更高的分數，就要加入個人獨特的第三觀點。例如：是否能夠視塗鴉的場所改變評價、是否能夠視塗鴉的內容給予不同的評價等等。另外，「如果是這種情形我贊成A，如果是這種情形我贊成B」的折衷式答案，也是一種陳述第三意見的解題法。這些都是一種擺脫二元論和二擇一的答題方式。

就整體而言，日本學生ＰＩＳＡ的分數都很高。但卻有一個特徵，就是這種申論題的留白比率非常高。尤其是看完兩個意見之後，要陳述自己的看法的題目，有些學生甚至從一開始就一個字都沒寫。原因很簡單，就是他們不知道要用什麼方法回答這種問題。日本人之所以會對辯證法這麼陌生，學校完全沒教就是其中一個因素。

但是，辯證法是可以透過訓練學習的。只要知道怎麼做，就能夠進行辯證式的思考，經過鍛鍊就能夠推論第三選項，並想出更有深度的結論。

因此，我認為不只十五歲的學生，連大人也應該要勇於嘗試ＰＩＳＡ這一類型的考題。重點就是不要二擇一，要設法推論出第三條路。

ＰＩＳＡ的考題是公開的。除了國中生之外，強烈建議一般的社會人士，也一起來挑戰這些考題，鍛鍊會產生第三選項的辯證法式思考法。

第3章

用「三」改變行為，成為更好的自己

1 行動三字訣，從束手無策變強者

本節重點

≫反覆說三個詞，就可以產生實際行動。
≫從「報、連、相」到「精、修、確」：強者三要件。
≫培養自己的「三段式」學習法。

古今中外都喜歡「三」這個數字，是因為三個一組比較容易記憶。這就是我一貫的主張。

只要記得住，就能夠記得更多。但是，**想讓記憶長期停留在腦子裡，又能夠進一步和行動產生連結，三的成效是最拔尖的。**

三個一組一起記，能夠快速進入大腦，還能夠長期停留在大腦裡。

每年要把學生送出去實習時，我都會給他們幾個指示和一些建議。通常我會給三個指示，但是有一年不知為何就給了四個。

後來請他們說說看時，我發現學生無法掌握完整的內容。我說：「現在，請你們說出四個！」學生們馬上就說了三個，但是第四個就是出不來。「還有一個是什麼啊？」幾乎所有的學生都會為了這一個而陷入混亂。能夠一口氣把四個指示都說出來的人少之又少，這個事實讓我非常驚訝。

縱使四個都說得出來，但說的時候不能猶豫。因為好不容易才想出來的東西，是無法和行動產生連結的。

我深深覺得要對方產生實際的行動，如果給的指令是四個會相當困難。能夠讓對方記住並採取行動的項目，三是個極限。

反過來說，項目為「三」的話，很簡單就能夠記得住，因為可以**輕鬆記又記得長久**，當然就能夠**馬上轉化成行動**。

用三個字或詞組成標語，養成好習慣

三個一組記憶法，不僅可以用來背誦東西，在日常生活當中也可以應用。不管是工作還是讀書、生活，首先，先決定三件大事作為行動的原則，然後牢牢記住並每天實踐。該做的事情很多，並非每一件都可以做得到；但如果只有三件，自己就會想辦法解決。

發揮三的旋律，提出有節奏感的標語，就會留下深刻的印象。

「報、連、相」就是傑作之一。

日文漢字的「報告」、「連絡（聯絡）」、「相談（協商、商談）」，取這三個詞的第一個字組合在一起就成了「報、連、相」❶。

這是跑業務的人，尤其是公司的**新人，大家都必須知道的工作鐵則**。大學生也無人不知，而且人人都可以明白其中的內容，這個詞的滲透力真的非常驚人。

這個標語的滲透力會如此驚人，是因為它巧妙的成為菠菜的雙關語❷，再加上「三」的威力。

三個易記、易轉化為行動。

見識了「報、連、相」的恐怖滲透力之後，如果你有應該要採取的行動，或應該要養成的習慣，請用三個詞組成一個標語，然後反覆多說幾次。

假設，你覺得「會面（見面）」也很重要，也可以把這個標語變成「報、連、相、會」。不過，多加一個項目，節奏感會變得模糊，而且有累贅感，實踐率會因此下降。

如果是三個，就可以馬上進入大腦，並立刻轉化成行動。

因此，有部屬的人、必須照顧新進員工的人、必須指導學生的老師，甚至是有孩子的父母親，首先，從希望對方做的事、希望對方養成的習慣當中，選出三個做成標語開始。

---

①「報告」、「連絡（聯絡）」、「相談（協商、商談）」是日本職場上的三大生存法則。

②「報、連、相」的日文發音「hourensou」和「菠菜」相同。

自創行動三要件，破解束手無策

事實上，我也是每天致力於用三個詞創造標語。我在做各式各樣的工作時，都會把該做的事、應具備的能力，用三個詞做歸納整理。

上電視做評論時，我常會不知道自己到底該怎麼做。評論的範疇涵蓋了各個領域。其中，政治、經濟就不是我所擅長的，這時我就會十分迷惘，不知道製作單位期待我說什麼。

「他們到底要我說什麼？」首先，我會思考這一點。是以一個專家的立場發表豐富的知識，還是用不同的觀點發表獨特的意見。

此外，我也會直接問製作單位他們對我有何期待，這是非常重要的調查。在思考當中，應該做的事情就會逐漸成形。例如，製作單位要我談的是「整理問題」，我就會想到是否要提供如何看問題的觀點、角度，或是否要提供新的資訊等等。

事實上，只要能夠看到三件應該做的事，束手無策的壓力就會消失了。

走到這個階段，心情會格外輕鬆。不過，決定了行動三原則之後，還得不斷說給自己聽，才能快快轉化成行動。行動三原則出爐之後，只記得是沒有用的。只記在腦海中，並不能順利和行動產生連結。所以一定要**反覆說，讓大腦留下深刻的印象，身體自然就會有所行動**。

要讓身體習慣該做的動作，所以說給自己聽非常重要。

不管是新工作、新學校或新職場，只要是**沒有經歷過的事**，對任何人而言都一定有壓力。這時，不妨先搜尋和思考該具備的能力、該做的事情，然後**整理出三個行動**。接著，設法讓三個行動變成像「報、連、相」一樣的標語，再不斷說給自己聽。

這麼做，就會逐漸習慣該有的動作。除了自己可以這麼做之外，如果你是主管、老師、父母，也可以對部屬、學生、孩子提示行動三原則，並請他們經常複誦養成習慣。

我的行動三原則──「精、修、確」

過去我所想到的各種由三個詞組成的標語，都已經落實在行動當中了。這些標語我也都會教學生。

這些標語都是傑作，既好記又好做，而且效果令人驚豔，因此我相當自負。我現在就介紹其中的幾個。

首先，是新進員工的行動三原則「精、修、確」。

「報、連、相」是大家公認的大傑作，但是，這些年來我對於「報、連、相」的內容一直都有疑慮。因為報告、聯絡、協商的內容似乎都很相似。這些的確是新進員工該做的事情，但是三者的立足點是不是太接近了？

報告和聯絡的不同是什麼？有報告式的聯絡，也有邊聯絡邊協商的吧！這些動作真的太相似了。

嚴格來說，**「報、連、相」**是部屬要和主管做緊密溝通時，所採取的動作。所以主管不是提示三個不同的動作，而是讓三個相似的動作並列，並再三叮嚀部屬要好好和主管聯絡，一起分享資訊。

因此，**「報、連、相」要傳遞的訊息，是「新人不能任意行動，一定要找主管商量」**，等於是用三個並列的相似動作，達到叮嚀的效果。就這點而言，「報、連、相」的確是非常優秀的標語。但是，如果用來作為新人的標語，我個人認為並非十分完善。

新人做到「精、修、確」——讓人放心的人才

因此，我提出「**精、修、確**❸」，作為新人的注意事項。

「精、修、確」就是「有精神（打起精神、繃緊神經）、修正、確認」。

首先，「精、修、確」的第一個行動原則就是「要讓新進員工或年輕人提高注意力、打起精神」。作為社會人士，當然要具備某種程度的社會經驗和抖擻的

③此標語日文發音同「天守閣」，作者利用雙關語增加記憶點。

精神。年輕人如果經驗不足又缺乏注意力，辦事一定不牢靠，新進員工如果沒有蓬勃的朝氣就沒有存在的意義。

尤其是最近的年輕人，似乎毫無生氣，個個都是乖寶寶。看似穩重，其實常恍神。因此，作為一個新人，工作時一定要有緲緊神經的認知。

我常告訴學生：「新人一定要**打起精神**，**打招呼時聲音要響亮**，要讓人覺得你很快樂！」或者「精神要飽滿，才能讓氣氛愉快！」

就整體而言，我教的學生都精神抖擻。通常求職不順的學生，很多都是因為態度無精打采。

因為態度冷漠，就足以讓前輩、主管焦急和憤怒了。因此首先，新人應該要緲緊神經，提高自己的注意力。

其次是「修正」。錯誤已遭指正，卻完全沒有修改，也會讓前輩們忍不住發火。新人不能只照自己的方式做事，被警告了還不做修正。

做不好還說的過去，因為是新人。但是，已被告知要修改，卻還是沒改進，或是之後又提醒好幾次卻依然如故的話，前輩和主管都會無心再指導。

不會改進的人很難在團體中生存下去。不問別人的意見，總是我行我素的人是無法拓展業務的。

「過而不改，是謂過矣！」這是《論語》中的一句話。意思是，失敗後仍不改變就是真正的失敗，說的就是修正能力。孔子也認為沒有改進能力的人，就是有過失的人。

如果被說「聲音太小了」，下次就使出吃奶的力氣大聲說，就算因此被吐槽「你可以不要這麼大聲嘛」也沒關係。通常這類型的人都會讓主管、前輩格外疼愛，而且很容易就可以融入新的工作環境。

但是，只改一點點的話就會吃悶虧。被說「聲音太小了」，卻只是像道歉一般，把聲音稍微加大一點點，於是被說「還是太小聲了」，才又再稍微把聲音放大一點是不行的。因為這會讓對方覺得你的態度心不甘情不願。

一開始稍微誇張一點無妨，這麼做正好可以突顯你的修正能力，「修正」也有乖乖聽對方的話，並服從對方指示的意思。想要熟悉新環境、融入新工作，必須要具備這種能力。

最後一個是「確認」。這是新人預防失誤的方法，絕大多數的失誤，都是確認不足造成的，往往自己認為可以卻發生了失誤。當你認為應該沒問題卻有一點疑慮時，就有失誤的可能。這時，只要針對時間、地方再確認一次，就可以防止失誤。

之前，當我知道航班有再確認系統時，我感到有點震驚。已經訂好機票為什麼還要再確認？已經訂好機票，就直接去機場是一般日本人的認知。但是，這種認知卻非全球通用。

應該是因為不來的人實在太多了，所以再一次確認「是否真的要搭這班飛機」的系統才會廣泛應用吧！雖然最近有的航空公司並不需要再確認，但有不少國家比日本更重視確認。

外國人看日本人，都覺得日本人做事十分謹慎，但只要是人就會有失誤的時候，尤其是**新進的員工，因為對工作、對公司的系統都不了解，就更需要進行確認**。另外，如果做的是跨國際的工作，因為工作的對象形形色色，任何事都要仔細確認才能確保安全。

總之，我希望職場上的新人，能夠牢牢落實「有精神、修正、確認」，這就是我自創的「精、修、確」。

掌握這三個項目就會是強者。能做到這三點，就會是精神抖擻、有修正能力，並會確認的好小子。就算只是公司的菜鳥，主管、前輩也會樂於指導。

如果三者缺一，給人的印象就大不相同。有修正能力也懂得確認，但就是無精打采，職場的氣氛會死氣沉沉。有精神但不確認又無修正能力的新人，主管會因為擔心而不敢委於重任。

精神飽滿、肯確認的人，少了修正能力也很麻煩。胡亂做之後再確認，只會一再犯同樣的錯。碰到這種人，我只想說：「請從最根本的地方開始修正！」因此，三者皆具非常重要。

事實上，我讓學生養成「精、修、確」的習慣之後，再把學生送出去參與教育實習，來自實習單位的抱怨就減少了。畢業生踏入社會之後，也以感謝的口吻對我說：「老師，我用您的『精、修、確』工作了一年，獲得極佳的評價。」

凡事起頭難，開始最重要。精神抖擻、有修正能力，又勤於確認，在最初的階段就能夠強力自我宣傳。

職場新人難免會心有餘而力不足。想當好員工、會做事的員工，卻不知從何做起，或是想做很多事情卻什麼都不會。因此首先，就徹底落實這三點。只要好好養成這三個習慣，就可以提升社會人士的基礎能力。有了基礎之後，再學習各種技術，累積各種經驗，就能夠茁壯成為會做事的員工。

順便一提，深受明治大學畢業生好評的「精、修、確」，始終無法廣泛普及是我的一大煩惱。雖然這是我費盡心思想出來的標語，但終究敵不過「報、連、相」的簡潔有力。

不過，「精、修、確」的知名度雖然不如「報、連、相」，但是對職場新人而言，我仍認為是有價值、值得養成的三個習慣。因此，請務必要試一試。

年輕人的行動三原則標語

機會難得，我想再介紹其他幾個我自創的行動三原則標語。

我為最近的老實年輕人，創造了一個行動三原則標語，就是「mission、passion、high-tension」。這個標語也十分受歡迎。

做任何事都要帶著使命感（mission）、碰到困難時要帶著熱情（passion）克服、工作時要用飽滿的精神（high-tension）完成。

除了這個之外，我還收集了其他類似的三原則。總之，這個標語很適合沒有精神的人，因為念起來像咒語容易記住，所以評價還不錯。

我認為業務人員朝會時，就可以使用這個標語。大家覺得如何？

把三個詞並列在一起，自然就會產生力道。再加上有韻腳，力道就更強。而且念起來有節奏，就像咒語一樣好記。我認為透過這幾個特色，就可以和實際動作產生連結，照著標語行動。

對付陌生工作三原則「準備、變通、回顧」

除了「mission、passion、high-tension」之外，我還想了和工作、業務有關的三原則：「準備、變通、回顧」。這三個詞乍看之下有點樸實。但這是我個人在大學授課時，課堂上很流行的標語。

首先是「準備」。事前的準備很重要，做什麼時，不能雙手空空，至少要帶著一張影印稿來參加。考試時，沒有任何準備就來考沒有任何意義。因此，要從充分的準備開始。

接著是進入實際作業之後，一定要懂得「變通」。雖然做了準備，但是發生意料之外的狀況時，如果仍執著於已做的準備就會失敗。在工作現場一定要懂得變通，配合現場的狀況改變應對的方法。

就整體而言，現代人老主張做自己，變通能力都偏弱，所以一定要更加鍛鍊。在準備階段時可以照著工作手冊執行，但是在實際的工作現場，為了要應對現實的狀況，一定要機靈應變。

最後，也就是結束之後，要進行「回顧」。

作業、工作、考試結束之後，一定要進行回顧，反省自己做過的事情。

考完試對完答案之後，除了要知道錯了哪些題目之外，還要思考答錯的原因，並反映在下一次的準備上。工作也一樣不可有頭無尾，要對工作結果進行驗證，並思考應該改變、應該改良的地方，並應用在下次的工作上。

這個行動三原則雖然得視時間、階段採取行動，但是基本上這三個動作是循環的，從準備到變通，從變通到回顧，回顧之後再進入下一次的準備。如果能夠透過「準備、變通、回顧」來運作，一定可以更加成長。總而言之，這三個原則雖然不夠華麗，但在工作、求學方面，不但管用而且效果驚人。

為自己創造必要的行動三原則

大家可以參考我提出的行動三原則標語，創造屬於自己、適合自己的行動三原則。

重點是三，因為三易記、易落實於行動當中。

如果你是業務人員，就提出「業務三原則」或「待客三原則」；如果你是編輯，就思考「編輯三原則」。面對日常生活上的料理、整理或打掃，如果能夠先設定好三原則，事情就可順利進行。特別是棘手的事物，最好先擬定相關的行動三原則。

「首先，就先做到這三點吧！」用這種認知來製作標語，心情就能夠平靜下來。這種感覺就像鐵路站務人員會說「前面ＯＫ，門ＯＫ」來進行確認。外出之前如果先進行指差確認（指著某樣物體並說話的動作）「電燈ＯＫ、瓦斯ＯＫ、門戶ＯＫ（電燈關了、瓦斯關了、門鎖好了）」，之後就不會因為擔心而回家。

把三原則做成標語之後，如前述，一定要反覆說給自己聽。因為只有習慣才能讓三原則轉化成一種技巧。

以三個項目做成的標語，就算內容有點粗糙或有點失衡都沒有關係。「用心致意」、「面帶笑容」、「巧妙詢問」，總之，就像這樣先設定三個項目。

建議大家可以**把自己常忘的事情，做成可以進行指差確認的三個標語**。已經懂得如何致意、寒暄的人，就不需要刻意把寒暄放入標語中，而是要把平常自己做不到的動作做成標語。先設定自己所需要的行動三原則，例如：「試著提問」、「試著接受對方的協商」、「初次見面一定要帶伴手禮」等。

請透過三的力量，幫助自己養成採取好行動的習慣。

用「三段式」設定小目標，循序闖關更有效率

不論是自己做或是看別人做三級跳遠，都會覺得很痛快。因為三的節奏早已在人的身體裡扎根了。以三個標語為基礎學習或做工作企畫，只要用「**三段式**」進行就會格外順利。

要完成什麼時，大多數的人都先設定目標，再列出必要事項的清單。但是，

如果把到達目標之前的路程先分成三個階段，會有助於提高目標的達成率。

把目標放在長路的盡頭，會讓人覺得無法達成目標。但是，如果把路程分成三個階段，並在各期間內設定一個小目標，就會有想做的衝勁，並且透過實際的達標提升工作熱情。無法達標時，也可以重新檢視或調整之後的日程表。最重要的是，每一個期間都可以更新重來。

簡單來說，就是先把達標之前的路程分成三個期限，然後再思考每一期限內應達到的目標。

例如，為了提高業務人員的業績而舉辦教育訓練時，就可以用時間軸把教育訓練分成三個階段，並為每一個階段設立一個目標，讓業務人員覺得自己可以做得到。

假設，第一個月的目標是「能夠和顧客做簡單的交流」，第二個月的目標是「增加能夠私下愉快聊天的顧客」，第三個月的目標是「增加能夠談正事的顧客」。每一個階段都有明確的目標之後，能做的事就會隨著階段提升而增加。

另外，還要為達標設定一些小撇步或該做的事情。

假設，第一階段是要做到「能夠和顧客簡單交流」，必須「帶著笑臉和顧客打招呼」，所以這階段只要做這件事就行了。很清楚知道自己要怎麼做的話，心情就會覺得輕鬆。如果是要「增加能夠私下愉快聊天的顧客」的話，可以設定小撇步是「接待顧客之後，要記下顧客的名字和長相」。要做的事情越具體，達成目標的路線就會越清楚。

在第一階段，先篩選出自己可以做到的三個動作。然後第二階段三個，第三階段三個，總共是九個動作。能夠做好這九個動作，就可以學到應付顧客的基本銷售技巧了。而且走過第一階段往第二階段、第三階段前進時，因為會的東西越來越多，還會越來越有自信。繼續加油的鬥志當然也會開始萌芽。

假設為了提出和顧客之間的人際關係的重點，而在教育訓練當中列出二、三十項，例如：要笑著回答、要記住名字和長相、要透過聊天讓氣氛熱絡、要積極介紹商品、要不著痕跡詢問顧客的個資……只會讓人覺得無法做到這麼多，而打退堂鼓。

該學的事情、該記的事情，真的族繁不及備載。

但是，與其盲目製造冗長的待辦事項，不如配合難易度，將清單先分成三個階段，然後再循序闖關會更有效率。這時，一定要具體提示達標的小撇步和該做的事情。

公司都要即戰力，無心栽培人才

對於學習很有幫助的「三段式」，也非常適合用來培育人才。

但現在的公司培育系統都相當弱，尤其是在培育新鮮人方面，有些公司甚至根本沒有。以企業為首的社會完全無心栽培人才，他們要的是「即戰力」。

就以在學校教育孩子的老師來說，師資的養成系統就不完備。

我的學生當中，有很多大學才一畢業就被指派擔任班導師。有的甚至畢業的第二天就成了班導師，這讓我十分驚愕。擔任班導師得承受非常大的壓力，班上有各式各樣的學生和家長，要應對這些人真的得有幾把刷子。當然，班導師還是要教課，這對才剛踏出大學校門的菜鳥老師來說是相當大的負荷。本來我希望學生能先教一年的書，等習慣之後才擔任班導師。但令人遺憾的是，現在的學校都沒有預留這種時間。

某位應屆畢業生所任職的公立中學，聽說全校只有他這一位英語老師，所以馬上就跳升為主任。這所學校每學年都只有兩個班級，因為班級少，老師當然就少，人力資源處在緊繃的狀態。因此，這位學生雖然是班導師，卻沒有前輩可以針對教學方式給予任何建議。

現在，突然讓菜鳥老師擔任班導師又得負責社團活動，並讓他們「想怎麼教就怎麼教」的學校越來越多了。

企業也發生相同的狀況。

以前的企業都把新進員工認定為什麼都不會的人，甚至認為公司自己會教，大學最好不要多管閒事，所以九〇年代之前的大學生活非常鬆散。大學生經常蹺課，大家都去做自己喜歡的事，有人去玩，有人看書、看電影，有人整天和朋友耗在一起。

但是現在，因為企業要的是「即戰力」，不願花時間和精神培育人才，所以大學生們都非常認真讀書，並努力考各種證照。現在的大學生比以前的大學生擁有更多不同的能力，然而大學畢竟只是個小團體。社會的變遷就是如此，這也是莫可奈何的。

但是，企業、社會本來就應該花時間和精神培育人才，才能孕育出有個性又有能量的年輕人。

對社會而言，培育能力非常重要。

不論是學校或是企業，都應該思考這一點。我認為這些單位，都應該更認真的培育新人。

培育新人時，只需要歸納三課題

縱使組織內的培育系統消失，只要身為主管或前輩，不論贊成與否都和培育人才脫離不了關係，因為不去指導部屬，工作就無法順利運作。

突然蹦出「培育」兩個字，很多人都會束手無策。這時請善用「三段式」方法，只要這麼做，培育之道就會浮上檯面。

就算必須學習的東西多的像一座山，也可以試著用三段式的方法來整理。只要把必須學會的技巧、態度，先分成「初級」、「中級」、「高級」三個階段，再循序學習就可以了。

不論是用「報、連、相」還是「精、修、確」都可以。一次說太多或一次把所有的課題都提出來，只會讓人心情沉重，並不禁質問「真的必須全做嗎？」一開始不知從何下手只會讓人一籌莫展。但是，只要從重要的事情、一開始最想教的事，依序歸納成三個課題，**職場新人就會覺得「只有三個，應該可以應付」而輕鬆接受**。

只要每一階段的課題都能夠精熟，走完三個階段之後，就能夠擁有相當的實力。縱使是菜鳥，也能夠茁壯成可以信賴的同事。

順便一提。設定三個課題時，請留意**不要流於空洞的「範圍」**。

舉例來說，對新手老師而言，「好好授課」、「好好指導學生」、「好好應對學生的監護人」就不能說是一種課題。這麼說只是在列舉「授課」、「指導學生」、「應對監護人」的「範圍」而已。只告訴新手老師「要努力工作」，根本不是具體的建議。

例如，在未來的三個月，要做到「掌握上課的課程」、「指導學生不要霸凌」、「要和學生的監護人密切聯絡」，像這樣視情況為「範圍」提示具體的方針非常重要。只要具體提示「首先上課時要注意這三件事，指導學生要注意這三件事，應對學生的監護人只要做到這三項就可以了」，新手老師就會鬆口氣而勇於向前邁進。

企業也是如此。告訴新進員工「請培養自己的企畫能力、營業能力和開發能力」，就只是單純在列舉業務的範圍。要有企畫能力，規定「每天提十個企畫」、「每天把有趣的事情記錄下來」才是課題。因此，為人主管、前輩的人，不要只在一旁加油助威，請好好提出課題。

自己栽培自己最厲害

只是，看看現實的社會，能夠提供培育新人環境的企業，是少之又少。就算不滿表示「公司都不栽培我們」，也無法改變現狀。

如果所服務的公司、學校沒有培育新人的職前訓練，前輩、主管又不知如何栽培你，你也莫可奈何。假設現況真是如此，就只能靠己的力量培育自己了。

首先，請試著提出三段式的課程，思考應該先學什麼、為了學會應該怎麼做等等。

或者視情況向前輩、主管請教「首先，我應該先學什麼」。

這時，就算是撥不出時間訓練新人的前輩或主管，也會給予各種建言，例如：「客戶的郵件一定要在一天之內回覆」、「不要一個人處理客訴電話，一定要找主管商量」等。

用三個階段，透過自主教育訓練打好成為社會人的基礎。可以以三個月或四個月為一個階段，三個階段就是九個月到一年的時間，就用這段時間進行學習。

其次是專業技術。一般來說，專業技術要三年的時間才能出師。所以你可以擬定一個大的目標，透過三年計畫學習你認為必備的技巧和知識，磨練自己成為一個專業的達人。因為三年的時間不算短，所以不妨進一步，把每一年都分成三個階段來執行。

透過三段式的方法，把自己栽培成專業達人，而靠著這些經驗，也可以學習培育他人的能力。現在的公司，最需要的就是擁有培育他人能力的人才，所以你的未來將是一片光明。在此，鼓勵大家投入培育公司新人或培育團隊成員的行列，以累積自己的職場經歷。

技藝的「守破離」和學校的三年制

在日本，很多人都視**守破離**為學習技藝的三個階段。

事實上，這也是一種三段式的思維。

傳統技藝一開始會先學會既有的規則、教條，這就是守。然後，再打破一些規範限制，加入自己的思維和經驗，這就是破。最後，再脫離這個形態自由發揮，建立屬於自己風格的東西。這三個階段守破離，即具有學習、改良、開發的連動性。

在歌舞伎界突破既有規範的是，第十八代目中村勘三郎（一九五五年至二〇一二年），他年輕時因緣際會來到導演唐十郎的地下劇場，受到地下劇場猥褻、雜亂的熱情衝擊，他對父親，也就是前一代的勘三郎說：「我想演那樣的歌舞伎！」父親聽了直接潑冷水說：「再等一百年吧！在思考這件事的同時，好好排練吧！」

起初，勘三郎並不了解父親話中的意思，後來聽在廣播節目「全國兒童電話諮詢室」中，擔任回答者的無著成恭（出身僧侶的教育家）說：「有型的人突破了型就是破型，無型的人突破了型就是無型。」才恍然大悟。原來父親的意思是，鼓勵他今後好好鑽研古典歌舞伎的「型」並用心演出。**因為有「守破離」的「守」，才有之後的「破」和「離」**。

另外，國中和高中也都是三年制。因為三段式的發展，很適合學生的成長過程，所以就一直沿用下來了。

最近，走完全中學路線的學校越來越多。完全中學並不是將學生的級別，分成從一到六年級，而是區分成國中部三年，高中部三年。

大人差一歲沒什麼差別，但是國中生差一歲卻有極大的差別。剛進國一的學生像個小學生，但是升到國三就成為小大人了。

對國一的學生而言，國三的學長姐看起來像大人，但是升上高一後卻是最低年級，在稍早之前是低年級同學眼中的大人，又成了小孩子。從高一學生的立場來看，高三學生看起來就像長輩。這種情形真的非常有趣。

一年級是新生、是孩子，在逐漸習慣當中升上了二年級，之後變成必須照顧學弟妹的三年級，覺得自己已經是大人。每一年級所處的環境和看到的世界都不同，這就是名副其實的三段式。透過國中、高中，藉由兩次成長機會蛻變成大人，等於做了兩次的三段式學習。我認為這種節奏相當迷人。緊張的新生氣氛、稍微世故的環境、必須和低年級做切割的狀況，都是身為人必須經歷的磨練。

2 用「三」管理你的日常，效率高壓力小

本節重點

- 行程表也用三色做區分。紅色是重要的事，綠色是私人時間。
- 效率最大化、壓力最小化的一週三分法。
- 工作、家庭之外的「第三場所」的重要性。

我會用三色原子筆寫行事曆的行程表。

寫預定計畫時，**最重要的事是紅色的，次重要的事是藍色的，輕鬆、自己喜歡的事是綠色的**。

而且我會盡量在一天之中，排入一件用綠筆寫的事。無論多麼忙碌，我都會

在行事曆中，加入一些自己喜歡的事，例如：喝咖啡享受片刻的悠閒、閱讀等。

以前我曾有過一段整天都是紅色事情的日子。那時候總是感到非常疲憊。早上錄製電視節目，然後離開電視臺去演講，演講結束後動筆寫書，接著又離開工作室參加談話性節目，節目結束後去應酬……直到現在，我對當時滿江紅的日子還記憶猶新。

行事曆上塞滿紅色的事，身心靈都會相當疲憊。光看到一片紅字，就讓人難以負荷。雖說生活一定有壓力，但還是要騰出時間放輕鬆，讓身心保持平衡。

根據順天堂大學小林弘幸醫生的說法，交感神經、副交感神經因不受我們的意識控制，故稱為自律神經。交感神經和副交感神經要保持平衡，自律神經才不會失調。因此，過了交感神經活躍的狀態後，需要放輕鬆，讓交感神經與副交感神經轉換。事實上，小林醫生曾經對我說：「齋藤先生，你的交感神經太旺盛囉。」這句話讓我決定減少紅色、增加綠色，讓自己放輕鬆，以增加副交感神經取得優勢的時間。

通常女性很擅長加入綠色的事情，讓身心保持平衡。「工作累積了壓力，所以要吃個甜食」、「今天心情不好，要去血拚一下」……女性知道如何放鬆自己的心情。

但就整體而言，男性不太清楚如何放鬆。因為男性總把工作當興趣，工作十分帶勁，所以不會為了放鬆而花精神。

最近我常做的綠色行動，是晚上睡前看之前錄好的足球比賽，或是欣賞一些老片、電視劇。每天晚上看一集《男人真命苦》或《神探可倫坡》（*Columbo*），我就可以放輕鬆，覺得全身輕飄飄的。

以前戲劇的節奏比較慢，所有的情節都緩慢發展，讓人有喘氣的空間。《神探可倫坡》的時代，還沒有鑑定ＤＮＡ的技術，所以查案的過程也是悠閒自得。而《男人真命苦》就更不在話下了。

或許有人不擅長加入綠色的事情，或覺得這麼做有罪惡感，但是我要告訴大家，休息就是運動選手的工作之一。運動員如果只一味專心練習，無法讓體能保持最佳狀況，當然就無法拚出好成績。同樣的，**工作想要有好成績也需要休息，需要加入綠色的事情。為了要支撐紅色，就必須要有綠色**。尤其男性更需要有這種思維。

有不少人刻意不休息，讓自己一整年都在工作。但只要是人，就必須確保綠色的時間。年輕時有體力或許還可以硬撐，但隨著年紀增長，體力會越來越弱。如果無法從下星期就開始安排休息，也可以為兩個月或三個月後，先卡一個休息的時段。

總之，先為自己設定一個目標，以週為單位，讓紅色和綠色保持平衡吧！

把一天分成三段，讓生活有節奏

大多數的人好像會自然把一天的時間，分成上午、下午、晚上三個時段。而且每個時段都有要做的事。有人利用上午的時段，一口氣把工作、家事等重要的事項都做完，有人比較慢熱，上午時段只做些輕巧的工作，過了中午才馬力全開。如何安排因人而異。總之，人就是會在無意識中，將一天分成三份。

「**一日三分法**」則是刻意用心這麼做。

換句話說，把一天明確分割成三份，每一時段要如何過、做些什麼，建立具體的內容，並用心養成習慣。這麼做可以讓工作、課業更有效率，讓一天的活動更為緊湊。

例如，上午集中精神做例行的工作，下午做最重要的事情，晚上盡可能不加班，做自己喜歡的事情放輕鬆；或者上午全心做重要的工作，下午做事務性的事情，晚上把時間留給自己有興趣的事情。依個人形態決定三個時段的主題之後再活動，就不會糊里糊塗過一天。

重要的是，要配合自己的節奏，將一天的時間分割作三個時段。不需要等量均分，只要粗略分成三段就可以了。

例如，上午七點至十二點、下午十二點至六點、晚上六點之後，只要配合自己的節奏，大致分段就可以了。尤其是下午的時段和晚上的時段，一定要明確區分，盡可能不在晚上的時段工作。就算無法避免加班，也要刻意把下午時段和晚上時段區隔開來，這樣可以減少冗長乏味的加班。

藉由把一天分成三個時間區塊，讓生活產生節奏，就可以更有效率使用每個時段。

順便一提，從事創意工作的人，大致可以區分成兩種類型。一種是早上工作，一種是集中精神在晚上工作。

美國的暢銷小說作家史蒂芬・金（Stephen King），在《史蒂芬・金談寫作》一書中，就寫到他寫書都是利用上午的時段。據說，他在這個時段，會緊閉工作室的門，甚至連電話都不接。

村上春樹在接受專訪時表示，他也是利用上午時段寫作的人。據說，村上春樹早上起床之後，就決定在中午之前要寫幾頁或是寫到幾點，一達到目標就結束。即使狀況好也不多寫，狀況不好則繼續寫到預定的時間。

一般人如果狀況佳，通常都會繼續寫下去，但是，果斷停筆才是繼續寫下去的重要祕訣。

不過，也有作家正好相反，是到了夜晚才卯足精神寫稿。對這種人而言，大概就得把一天分成白天、晚上、深夜至早上三個時段了。

一週也可以用三分法創造節奏

如前述，我會用三色原子筆寫行程表，並刻意加入綠色的活動。但是，我並不是用三種顏色胡亂將一星期的行程填滿。雖然七日除以三除不盡，但我還是可以很漂亮的將一星期分成三份。

我會大致如下分配：

星期一、二：做例行的工作、事務性的工作。

星期三、四、五：做想做的工作、集中精神做有興趣的工作。

星期六、日：週末。

首先，將一週的時間粗略分成平日和週末。

上班、上學的平日很長，五天工作滿檔真的很辛苦。星期一的早上，大家都不想上班，也不想上學。小學生在星期一的早上最憂鬱。人之所以會有這種討厭的情緒，最大的原因是漫長的五天看不到終點。人最不擅長處理的，就是量多而且沒有高低起伏的事物。

因此，要進一步把**平日一分為二**，就不會被壓得喘不過氣，又能夠有條有理度過一個星期。這就叫做「**一週三分法**」。我是把平日分成星期一、二和星期三、四、五兩個區塊。要分成星期一、二、三和星期四、五也可以。大家可以按照自己的節奏來分割。

以我為例，我會盡可能把例行性的業務或工作，放在一週的前半來做。因此，我會在一週的前幾天，努力把必須做的工作做好，像是到大學教書或一些事務性的工作。

雖然我也很討厭星期一的早上，但因為星期六、日有休息，所以還是必須像個人一樣努力工作。讓自己有這種認知，就可以集中火力在星期一、星期二做好該做的工作。

視情況，有時我會在星期三的上午時段做例行性的工作。所以我的行程表中有例行事務排半天的時候，偶爾我會在星期三的上午時段，才結束必須做的工作。星期三的下午開始到星期五，我會邊消除疲勞，邊卯足勁做自己喜歡、自己感興趣的工作。我會優先做我想做的、不會構成壓力的工作。

然後，星期五的晚上就全面解放，準備享受星期六、日的假期。

雖然星期六、日未必一定能放假，但即使有工作進來，我還是會溜到週末的大街上，呼吸一下假日的空氣。為了能夠擁抱假日的氣氛，我盡可能不在星期日排工作，好讓自己可以享受週末。

就像這樣把一週的時間分割成三段，就不會被壓力壓得喘不過氣，而且可以按照自己的節奏做好所有的工作。

不再讓工作占據所有時間

把平日一分為二的做法，其實我並非原創者，而是社會學家栗原彬教授教我的。在大學教書的時候，我問在求學時代非常照顧我的栗原教授：「您是如何分割時間的？」栗原教授說：「一週的前半段，我固定到學校授課和做一些業務，後半段用來做研究。」聽了之後，我覺得這是一種非常不錯的做法。

前半段做例行的工作，後半段做喜歡的工作。如此一來就可以產生節奏。

上班時，未必所有的事都由自己操控。但是，如果以一週為單位的話，自己應該就可以大致分配了。這時依照自己的想法，用心分配工作就非常重要。

先為工作的分配比例定出強弱，再為一週的工作設定節奏。

不是用工作的量來做分配，而是用自己能夠承受的壓力強弱來做區別。把一個星期的時間，分成比較需要耗精神和比較不需要耗精神的兩個時期。如果有強弱、有循環，就會產生節奏。我們的身體一旦習慣了這種節奏，就不會排斥一星期之間的運作。

因此，我會配合自己的節奏，把壓力比較大的工作放在一週的前半段，把比較輕鬆的工作放在一週的後半段。不過，如何安排因人而異。有人或許就比較適合反過來的模式。

星期一，工作通常都會特別多，所以有的人會人到心未到。這種人最好把比較輕鬆，比較沒有壓力的工作放在星期一、二做。然後從已經做好暖身運動的星期三下午，開始慢慢發動引擎，讓重要的工作在星期五衝上高峰。簡單來說，就是覺得星期一很憂鬱的人，可以用這種節奏來工作。

總之，自己安排節奏非常重要。

大家之所以會覺得厭煩，是因為從星期一到星期五，一直都用單一顏色在工作。一想到棒球一場要打九局就會覺得好久。但是如果把九局分割成前三局的開場，中間三局的中場、後三局的終場，整理起來就容易多了。

有不少人星期六、日也在工作，如果可以，盡可能星期日放自己一天假。如果星期日工作的話，一週的時間就等於延長至兩個星期。所以星期六、日盡可能讓自己享受一下週末。這是有節奏的度過一週的最大關鍵。

屬於自己的地方也要分成三個

三分法不僅可以用來分割時間，也可以用來分割場所。我建議每個人都要有三個可以讓自己有歸屬感的地方。

家和公司。我想絕大多數的人都只待在這兩個地方。所以請刻意為自己再另外找一個地方。如果你是一個工作忙，又必須照顧孩子的人，就找一個可以獨處的空間。如果你平日很少與別人互動，就找一個能夠和有相同興趣的人交流的場所，停留的時間很長也無所謂。

總之，就是另外擁有一個**不同於公司和家庭的地方**，不會和工作、家庭扯上關係。透過擁有第三個場所，就可以讓身心保持平衡。

如果每天都一成不變在公司和家庭之間往返，總有一天會窒息。我個人認為下了班之後去喝一杯，是尋求另外一個地方的自然行動。人有時必須到別處轉轉或在路上閒逛。而且這個地方最好和公司、家庭都沒有任何關係。

我的同事中，有人會先到大學後面常去的店坐一會兒再回家。所以下了班，他一定會去那家店。想要見這個人，去那家店基本上都可以碰得到。同事之間都議論紛紛，他為什麼一定要到那家店轉轉才回家。我想對他而言，那家店就是可以讓他喘口氣、保持平靜的必要場所吧。

有些女性下班之後，也會到自己喜歡的咖啡廳坐半小時或一小時。雖然時間並不長，但這段時間卻非常重要。據說下了班直接回家會覺得更累。人都需要一個可以做自己的地方。特別是工作、家庭兩頭燒的時期，更需要有一個不同的場所讓自己喘口氣。

英國的俱樂部和日本的小酒吧是第三場所的雙璧

英國就有為男性提供放鬆的場所，例如：俱樂部。一般來說，荷包不夠深是進不了這種地方的。但是到了這裡，大家聚在一起，就可以看報、聊天。這個地方可以是男性的第三場所，也可以是男性炫耀人際關係的地方。

在日本的話，小酒吧或許從以前就一直扮演著第三場所的角色。客人來過之後很容易變成常客，因為這裡所呈現的人際關係是和緩、放鬆的。

搞笑藝人玉袋筋太郎寫了一本《淺草小孩小玉的小酒吧指南》。他因工作到某地方時，一定會去當地的小酒吧。首先，他會先辨別有無危險性（被狗仔跟蹤等），確定沒有危險才進去，然後就和該店的常客、老闆娘成為好朋友。

如果是第一次踏進這家店，他會刻意製造一點人際關係。要製造人際關係，就必須具備一些對他人的影響力，而且能夠和當地的常客、老闆娘交上朋友，才算真正的到此一遊。玉袋筋太郎在書上寫道，能夠在這種地方結交到朋友，會有物超所值的感覺。聽說這種小酒吧就算一年不去，還是會有客人記得你，對著你說「你去年來過嘛！」連續去三年，就成了一年來一次的常客了。

常出差的人可以試著在各地開拓當地的小酒吧。這麼做除了可以鍛鍊自己的人間力（在社會中，一個獨立的人能夠不屈不撓活下去的綜合能力）之外，單純只是去工作的城鎮，也會突然變得親切許多。

除了當地的小酒吧，當地的志工團體或有共同興趣的圈子都可以。只要想像一下退休後的人生，就會了解把不同於工作與家庭的人際關係的地方，當作「第三場所」經營的重要性了。

退休離開公司之後，有段時間一定會感到徬徨，這時如果早已有自己的第三棲身之處，心情就會比較平靜。如果突然之間只有家可以待，一定會越來越苦悶（有的人連在家都沒有屬於自己的空間），所以一定要有第三場所。透過第三場所，訓練自己建立新的人際關係，創造取代公司的新地點也是需要實力的。

一直在公司和家之間來回的人，到了五十歲之後，要用心思考如何發掘退休後的「第三場所」。就算不是經常在同一地方也沒關係，也可以視情況開拓或改變場所。

3 人生要有目標：駱駝、獅子、小孩

本節重點

- 三十五歲、五十歲、六十五歲，是變化的三個時期。
- 各位社會人士，只要你們有繳稅，就抬頭挺胸！
- 尼采所思考的終極人生第三階段。

試著把人生分成三段。

現在的人平均壽命已超過八十歲，人的一生真的很長。如果把人生想成是單一的一直線，更會覺得人生漫長。

但是，把人生也分成三段的話，人生就會產生節奏。

一般人會把人生分割成如下三段：

第一期：出生至二十二歲左右；出社會之前的期間。
第二期：二十二歲至六十歲（六十五歲）；在社會工作的期間。
第三期：六十歲（六十五歲）後；退休之後。

從宏觀的角度來看，人生大致可以分成這三階段。順便一提，這是用和社會之間的關係來區分的。

和真實生活無關，處在被保護的狀態是第一期。因此，即使高中畢業就馬上工作的人，因為只有十八歲左右，所以還是屬於第一期。反之，如果在父母親的資助下，念到研究所的話（我也一直讀到研究所，所以學生時代很長），這類型的人第一期就會比較長，出社會時大概都三十歲了。

心理學家愛利克．艾瑞克森（Erik Erikson），把人生的挑戰細分成八個階段。每一個階段都有該做的課題，但是，我認為只要大致分成三個階段，反而會比較好整理。

被保護的時期就是必須認真念書的時期；踏入社會工作、繳納稅金是為社會貢獻的時期。之後，就是邊接受年金及社會保險，邊透過某種形式為社區、社會做回饋的時期。簡單來說，就是接受照顧、貢獻社會、再接受照顧，人生就是這樣，是一個週期、一個循環。

這個循環的核心，就是中間的第二期，也就是為社會貢獻的時期。

福澤諭吉（日幣萬元鈔上的人物，教育家）在《勸學篇》一書中提到「稅金應該盡快繳納。」因為只有繳稅，社會才能運作，人民才能安居樂業。所以為工作、為人生而有各種煩惱的社會人，實在不需要有那麼負面的想法。

因為只要繳納稅金，任何人都可以問心無愧活下去。所以人人都應該要有善盡「人生社會貢獻期」的自覺。

一直想著稅金是被奪走的，身心會很疲憊。請大家積極把稅金當作是一種社會貢獻吧！

不過，進入第三期之後，就要有再尋求社會支持的認知了。當然，在此之前，還是應該做相當的貢獻。因為從現今的人口比例來說，年輕人的負擔今後只會越來越重。或許他們會期待生活比較寬裕的高齡者，能夠適時為社會、為地方出錢出力。

像這樣用宏觀的角度把人生分成三段，就可以看清自己處在什麼局面、應該善盡什麼職責、應該做什麼事情，進而肯定自己的人生。

大人的人生三步法

如前述，可以很自然的把人生分割成由「被照顧→支柱→被照顧」三段時期所組成的循環。

事實上除了這個方法，出了社會之後，還有「**大人的人生三步**」的說法：

第一期：三十五歲至五十歲；工作黃金期。

第二期：五十歲至六十五歲；成熟期。

第三期：六十五歲至八十歲；餘生期。

就我個人來說，三十五歲之前，人生就是一口氣向前衝，氣勢如虹。等到有所警覺時，已經三十五歲了。

回想自己年輕時，我覺得自己的大人人生，是從三十五歲左右才開始的。我在大學教的學生，有的已經出社會，實際年齡都已經二十七、八歲，但看起來依然像個學生。就整體而言，現在的人大都看起來都比較年輕，明明都三十幾歲了，看起來就像二十幾歲。

不過，一到三十六、七歲就不再年輕了。進入三十歲後半，即露出老態。

二十八歲和三十二歲差別不大。但是三十二歲和三十八歲差別就很大。分岔點就在三十五歲左右。

體力開始走下坡的三十五歲是轉大人的開始

邁入三十五歲左右，就會開始感受到人生的陰影。有人會變胖，有人會擔心身體上的病痛。通常我們都會把人生分成二十代、三十代、四十代，但是我認為人生真正要面臨的十字路口，是在三十五歲左右。

人到了三十五歲，身體就會開始出現一些負面的狀況，讓人真正的變成大人。生活會因為結婚生子而有各種改變；工作會因為被委以重任而有更大的職責。大概在三十五歲，要開始背負各種重責大任。因此，真正大人的人生是從這個時候開始的。

第一期的三十五歲至五十歲，是要背負著工作、人生的重擔，做形形色色事物的時期。現在五十五歲的我回想起來，真的覺得四十五歲之前的我非常年輕。三十五歲至四十歲這段時期所散發出來的光芒，和五十五歲以上的人截然不同。這段時間是工作的黃金時期，就算不像二十幾歲的人年輕，卻散發著各種迷人的魅力。

常聽人說三十歲後半至四十幾歲的男性最受歡迎，這種年齡的男性不論在個性上或工作上都非常成熟，所以格外性感。好萊塢的巨星布萊德彼特（Brad Pitt），三十幾歲比二十幾歲更帥、更受歡迎。因為邁入三十幾歲之後，他所散發的不是青春的光芒，而是成熟的魅力。

不過，一進入五十歲，身體上的問題慢慢浮出水面。讓人不禁悲從中來的年齡就是在五十歲左右，這是老年的陰影悄悄靠近的時期。但還是能夠繼續工作。因此，最近把退休年齡定在六十五歲是合理的。看看自己的周遭，還在工作的人即使年過六十還是很有體力。這些人應該都可以繼續工作到六十五歲。

但是，六十五歲至七十歲，就會覺得力不從心了。

我任教的大學有已退休的七十歲學生，這個年齡的學生和其他學生的落差非常明顯。因此，我個人的界定是，可工作的年齡是至六十五歲為止。從六十歲左右開始是真正的成熟期、圓融期。所以我認為邁入六十歲之後，在工作上，應該**發揮之前的經歷做年輕人的後盾，或以之前的知識、經驗為基礎發揮領導才能，運用自己的經驗值，讓整體的工作流程更為順暢**。這段時期還有能力關懷別人、照顧別人。

進入下一個時期，也就是超過六十五歲至八十歲，甚至是之後的時期，就必須重新設定生活方式。

六十五歲開始真的老了之後，身體也會跟著出現各種變化，是適時準備讓人生旅店打烊的時候了。

還有多少時間可以做自己喜歡的事情？先把必須要做的事列出一張清單，然後好好思考，並倒數自己還可以精神抖擻的活到什麼時候。當然，無人知道死神何時會降臨，但還是必須未雨綢繆，並為自己倒數計時。

絕大多數的人一超過六十五歲收入就跟著減少，如何搭配年金讓生活保持一定的平衡，在經濟方面也必須重新設定。

「餘生」真正開始是在六十五歲。有人對「餘生」這兩個字很反感，認為餘生給人感覺是沒完沒了。但是，我們也可以用正面的意義來解釋這個名詞。

如果解釋成還是有很多人都元氣十足，狀況就會改變了。

離開公司、退休之後還是要過日子。如果退休後成天都待在家裡，一定會惹太座厭煩。

我曾經在市民大學❶擔任講師。不少六十五歲的男性都會來參加。連之前因為忙於工作，而沒有機會到市民大學的人，也會利用平日白天的時間來參加。不過，來到市民大學之後，還是用以前工作時的語調與人說話，因而遭到厭惡的狀況卻屢見不鮮。昔日在公司職級越高的人，越喜歡談自己當年的神話。但是，市民大學不是讓人提當年勇的地方。來到這裡就必須努力熟悉新環境，並要有和不

---

① 類似臺灣的社區大學，以生涯規畫和自我啟發為主，開設課程與講座的機構。

一樣的人交朋友的自覺。

六十五歲之後要好好享受接下來的餘生，我很喜歡「餘生」這個名詞。度過剩餘的人生給人感覺是充裕、從容不迫。希望大家都能正面思考餘生。根據江戶時代儒學家貝原益軒的說法，餘生就是恰如其分的活著，還過得去就好了。

人生需要三次換檔

如前述，大人的人生有三個過渡期。每一個過渡期，就必須有各自的心理準備、實質準備和計畫。換言之，大人的生活方式是需要換檔的，每到一個過渡期就必須要改變排檔。

可能的話，我希望大家不要突然換檔，而是在換檔之前先稍微準備一下。因此，提前模擬在下個舞臺要如何生存、要做些什麼非常重要。

例如，要如何度過六十五歲之後的生活，在邁入五十歲之後，就要好好想像一下，並一點一點開始做準備。如果你認為退休之後沒有自己的興趣會很悽慘，就儘早開始培養。事先從各方面做好準備，六十五歲到來時，就可以不疾不徐的付諸行動，順利的完成換檔。

有人或許不知道該如何為六十五歲之後的人生尋找興趣。有人或許會問，從五十歲才開始學俳句會不會太遲。但是，現在人的一生有八十年、九十年，就算從五十歲才開始學，也足足有三、四十年的時間讓你學俳句。因此，現在這個時代，**從五十歲左右才開始學什麼一點都不晚**。

現在大家看起來都比實際年齡年輕，現在的人真的不像從前的人老的那麼快。當然，老化的腳步並不會停下來。但是，帶著誤解活下去也是一種生活方式，**不妨就錯把自己當成比實際年齡年輕生活下去**。

人也不可能永遠都認為自己還年輕，覺得吃力的人，可以配合過渡期在適合的時間換檔。我想最適合的時期應該就是三十五歲、五十歲、六十五歲左右吧。如果你是在斜坡上，除了換檔減速之外，還要視接下來的狀況再換檔。

大人的人生就是靠著這三次的換檔走下去的。所以，我們一定要先看清楚現在的自己怎麼生活。大人的人生三步法，就是為了讓我們看清楚這一點，而設計的方法。

尼采所思考的終極人生第三階段

十九世紀的大哲學家尼采，也非常重視人生的三個生活場景。他用「精神三變」來詮釋人，也可以說是精神的三種形態。尼采在其著作《查拉圖斯特拉如是說》一書中有詳盡的說明。

我非常喜歡中公文庫手塚富雄翻譯的版本，每年我都會和學生一起朗讀這本書，我認為這是一本優良的教育書籍。

尼采在書中寫道：「人要超越自己，才能繼續成長下去。」尼采常用「超人」這個名詞，意思是已經超越自己的人、已經超越人性弱點的人。

這本書給讀者最珍貴的訊息，就是「精神三變」，敘述人類透過不同的三個階段變化。

首先，尼采說，人的第一階段必須是「**駱駝**」。駱駝是完成義務的時期，活著什麼義務都不盡的話，枉作為人。所以人首先要上學，要學習社會的規則，完成義務。尼采認為，這段時期人的精神，必須像駱駝一樣接受沉重的負荷。人不可能突然變成超人。

第二階段是「**獅子**」的時代。對現實而言，獅子的存在相當於「不」，「不」就是否定，勇於否定，就可以獲得自由。不做被指派的任務，對被指派的任務說「不」，進而自由做自己想做的事情。第二階段是成長，面對現實有一顆反駁、獨立的心，努力爭取自由做自己想做的事，就是精神變成獅子的時期（獅子象徵破壞傳統規範的精神，勇於爭取自由、主宰自己）。

有人或許會覺得到此結束就可以了。完成義務之後，獲得自由，做自己想做的事，的確就可以結束人的發展階段。但是，尼采最了不起的地方，就是他還為大家準備了第三階段。

人在第三階段又該是什麼形態呢？

就是「**小孩**」，幼小的孩子。第三個以最終階段之姿登場的就是幼兒。尼采在書中寫道，幼兒的狀態代表永遠的創造性。這是一個原始的動作，以自己為出發點創造新價值。

孩子在遊玩的狀態下，沒有背負任何義務，也不會反駁說「不」。他們就只是單純認為有趣所以玩耍，因為有趣而玩耍就是創造價值的狀態。幼兒本身就會創造價值，人在幼兒的狀態下，就有無限發展的可能。

不是從幼兒開始發展，是尼采最有趣、最獨特的地方。尼采認為人要先學會背負義務，再透過反駁現狀獲得自由，最後才進入肯定的狀態。

有人說最初的駱駝已經獲得肯定了，但這個階段還是有無法做到的一面，所以從駱駝階段進入否定之後，才能得到最後的全面肯定。人要經歷這三個階段，格局才會變大。尼采真不愧是尼采，將人生分割成三階段，他的思考境界就是這麼有創造性。

後記
用三來思考，八九不離十

對「三」執著，思考就可以產生推動力。

一提到三，我的話匣子就停不下來。

若論刻意用三過日子的人，在日本我絕對數一數二。我看過的有關三的書真的多到數不清。

舉例來說，思想家中澤新一的《巴塞隆納，祕數三》，就是我非常喜歡的一本書。書裡有許多富啟發性的內容。在古希臘，數字一代表男性，數字二代表女性，數字三代表結婚後所產生的結果。換言之，希臘人認為，三是一個象徵生命的數字。

三果真是一個可以詮釋事物發展的數字。

歐洲基督徒中的神祕主義者認為，宇宙萬物都是由聖父（天父、上帝、耶和華）、聖子（耶穌基督）、聖嬰（《聖經》中說的保惠師）所創造，而且祂們是三位一體的神。所以三被視為是一個掌握了存在祕密的數字。耶穌被釘在十字架死而復活，十字架即表示「四」。因此，神祕主義者認為三是有創造力的數字，四則是被沉默和無誘發出來恐怖數字，歐洲人對三和四這兩個數字，除了有難以言喻的緊張感外，還用這兩個數字創造了許多耐人尋味的故事。

法國革命的口號，也是由「自由、平等、博愛」這三個關鍵字所組成，喊起來響亮又好記，所以響遍全世界。這三個名詞也可以說是影響世界史的力量。

還有三猿（又稱三不猴，指三個分別用手遮住眼、耳跟嘴的猴子雕像）。如果只有「不見、不聞」顯得點寂寞，加上第三隻猿的「不言」就完整了。

在這本書，我從個人對三的熱情和經驗當中，把可以當成思考工具的三介紹給大家。

不論做什麼我都會強調三很厲害。對於我的強調，有人會反駁：「什麼都用三不是有點強人所難嗎？不用三也可以吧！」

事實上，真的就是要強人所難。硬逼著自己使用三思考是一大重點。

思考時，當然會出現各種論點、各種想法。但就是要先用三來整理思考的重點，這種腦力激盪就是學習思考技術，並架構思考模式的力量。

因此，如果深入思考之後，所得到的結論是「這個企畫的重點有四個」也沒有關係，最後的結果不是全都得非三不可。

我的意思是，開始思考時，請先強迫自己用三思考。因為只要硬整理出三點、三個選項，就可以讓思考有彈性。三可以給予思考動力。這就是我為三執著的理由。

請大家務必要強迫自己，運用三的力量拓展思考的範疇。

這本書承蒙朝日新聞出版的宇都宮健太朗先生、星野新一先生、伏見美雪小姐、編輯原智子小姐的大力協助。有你們的協助本作才能完成。謝謝大家！

國家圖書館出版品預行編目（CIP）資料

三的思考捷徑：從午餐吃什麼到如何讓別人聽我的，「想出一個好辦法」反而害你腦子一片空白。日本教育學大師教你，先掰三個，答案就出來／齋藤孝著；劉錦秀譯.
--初版. -- 臺北市：大是文化，2017.05
192面；14.8×21公分 . --（Think；142）
譯自：アイディアの神が降りてくる「3」の思考法
ISBN 978-986-94432-4-1（平裝）

1. 成功法　2. 學習方法

494.35　　106002655

Think 142

三的思考捷徑

從午餐吃什麼到如何讓別人聽我的，「想出一個好辦法」反而害你腦子一片空白。日本教育學大師教你，先掰三個，答案就出來

作　　者／齋藤孝
譯　　者／劉錦秀
責任編輯／馬祥芬
校對編輯／陳竑悳
美術編輯／邱筑萱
主　　編／賀鈺婷
副總編輯／顏惠君
總 編 輯／吳依瑋
發 行 人／徐仲秋
會　　計／林妙燕
版權主任／林螢瑄
版權經理／郝麗珍
行銷企畫／汪家緯
業務助理／馬絮盈、林芝縈
業務專員／陳建昌
業務經理／林裕安
總 經 理／陳絜吾

出　　版／大是文化有限公司
臺北市100衡陽路7號8樓
編輯部電話：（02）23757911
讀者服務／購書相關資訊請洽：（02）23757911　分機122
24小時讀者服務傳真：（02）23756999
讀者服務E-mail: haom@ms28.hinet.net
郵政劃撥帳號／19983366　戶名：大是文化有限公司

香港發行／里人文化事業有限公司“Anyone Cultural Enterprise Ltd”
香港新界荃灣橫龍街78號正好工業大廈22樓A室
22/F Block A, Jing Ho Industrial Building, 78 Wang Lung Street, Tsuen Wan, N.T., H.K.
電話：（852）24192288　傳真：（852）24191887
E-mail：anyone@biznetvigator.com

封面設計／林雯瑛
內頁排版／黃淑華
印　　刷／緯峰印刷股份有限公司

■ 2017年5月初版
ISBN 978-986-94432-4-1
Printed in Taiwan
定價／新臺幣280元